A ALCA

FOLHA
EXPLICA

A ALCA

RUBENS RICUPERO

PUBLIFOLHA

Editor
Arthur Nestrovski

Assistência editorial
Marcelo Ferlin Assami

Capa e projeto gráfico
Silvia Ribeiro

Assistência de produção gráfica
Soraia Pauli Scarpa

Revisão
Mário Vilela

Editoração eletrônica
Picture

Dados internacionais de Catalogação na Publicação (CIP)
(Câmara Brasileira do Livro, SP, Brasil)

Ricupero, Rubens
A ALCA / Rubens Ricupero. – São Paulo : Publifolha, 2003. – (Folha Explica)

Bibliografia.
ISBN 85-7402-472-4

1. Área de Livre-Comércio das Américas (ALCA)
I. Título. II. Série.

03.1923 CDD-337.17

Índices para catálogo sistemático:
1. ALCA : Área de Livre-Comércio das Américas : Economia Internacional 337.17
2. Área de Livre-Comércio das Américas : ALCA : Economia Internacional 337.17

PUBLIFOLHA
Divisão de Publicações do Grupo Folha

Al. Barão de Limeira, 401, 6° andar, CEP 01202-001, São Paulo, SP
Tel.: (11) 3224-2196/2202/2205
Site: www.publifolha.com.br – E-mail: publifolha@publifolha.com.br

SUMÁRIO

Agradeço a meus colegas Evandro Didonet, Marcia Donner, Maurício Lyrio e Maria Cristina Ferraz Alves, que leram o manuscrito, ajudando-me a corrigir erros, imprecisões e omissões. Sou igualmente grato a Vivianne Ventura-Dias, cujos escritos e observações sobre a Alca, feitas em conversas, contribuíram muito para meu entendimento do contexto regional do comércio nas Américas. Minha dívida pessoal é particularmente intensa com Pedro da Motta Veiga, cujo auxílio me foi duplamente valioso. Primeiro, na leitura crítica do manuscrito. Depois, na orientação segura sobre o sentido do processo negociador, que sempre encontro nos seus artigos e nos que redige com seus colegas da CNI no boletim Comércio Exterior em Perspectiva. Finalmente, este livro não teria sido possível se não fosse a dedicação e competência com que Clisse Medeiros Ramos preparou e reviu os originais. Não preciso dizer que nenhum dos citados tem qualquer parcela de responsabilidade nos juízos do livro, atribuíveis apenas ao autor, que escreve em caráter exclusivamente pessoal, sem nenhum vínculo com as funções oficiais que desempenha.

INTRODUÇÃO

"Nada é mais difícil do que escrever sobre um projeto que poderá nunca sair do papel. É diferente quando se analisam entidades já existentes, como o North American Free Trade Agreement (Nafta, Acordo de Livre-Comércio da América do Norte), que reúne os EUA, o Canadá e o México; ou o Mercosul, que engloba o Brasil, a Argentina, o Uruguai e o Paraguai. Nesses dois exemplos – um de acordo de livre-comércio, o outro de união aduaneira –, dispõe-se de uma experiência de vários anos, e é possível tentar um balanço dos resultados positivos e das falhas, assim como das explicações para uns e outros. Já no caso da Área de Livre-Comércio das Américas (Alca), o que temos diante de nós é uma proposta que originou um processo de negociação ainda não-concluído, de futuro incerto e não-sabido.

Seus contornos e conteúdos estão longe de definidos, e tudo o que dissermos aqui estará sujeito a mudar ao longo das negociações dos próximos dois anos. É o que em inglês se denomina expressivamente de *work in progress*, isto é, uma atividade ou trabalho em vias de desenvolvimento, uma obra em processo de execução.

A dificuldade maior provém, portanto, desse caráter dinâmico de uma idéia em movimento, que sofre constantes modificações à medida que se cumprem as várias etapas negociadoras e se definem certas características prováveis do resultado final. A proposta original, formulada pelo governo americano em 1994, passou já por inúmeras modificações, tanto por iniciativa dos seus iniciadores, quanto em função da própria dinâmica negociadora e das mudanças sugeridas pelos diversos participantes.

Nessas condições, a melhor abordagem para lidar com tal problema seria partir das definições básicas sobre o que em tese se deve entender por um projeto desse tipo. O livro começará, portanto, com a apresentação dos conceitos fundamentais, a descrição do processo negociador e do que está em jogo em cada setor das negociações. Só então, isto é, depois de conhecidos os fatos essenciais, se discutirão os pró e contra das várias alternativas possíveis em termos de resultados. Nosso ponto de partida será, assim, a pergunta: o que é, com efeito, um "acordo de livre-comércio", como a Alca ou o Nafta?

1. CONCEITOS BÁSICOS

As siglas citadas na "Introdução" representam modalidades diversas de um mesmo tipo de arranjo, o acordo de livre-comércio, assim definido no artigo 24 do General Agreement on Tariffs and Trade (Gatt, Acordo Geral Sobre Tarifas e Comércio):

"Entende-se por zona de livre-comércio um grupo de dois ou mais territórios aduaneiros que decidem eliminar entre si os direitos aduaneiros e as outras regulamentações comerciais restritivas, em relação ao essencial do intercâmbio comercial dos produtos originários dos territórios constitutivos da referida zona de livre-comércio" (versão de 1994).[1]

O dispositivo não define o que se deve entender

[1] O texto completo do Acordo Geral, versão de 1994, pode ser consultado nas três línguas oficiais da Organização Mundial do Comércio (inglês, francês e castelhano) no site: www.wto.org

por "essencial do intercâmbio comercial", e essa imprecisão, que dura até hoje, possibilitou interpretação excessivamente liberal, até frouxa, dando origem a muitos abusos. A tendência tem sido a de requerer que ao menos 85% do intercâmbio seja coberto como equivalente ao "essencial". Deixar de fora 15% é, todavia, um rombo enorme, pois basta às vezes excluir 1% para manter o "essencial" do protecionismo, que é em geral seletivo, e não generalizado.

O artigo reconhece que os acordos para estabelecer uniões aduaneiras ou zonas de livre-comércio devem ter o objetivo de facilitar o comércio dos territórios constitutivos, e não de opor novos obstáculos ao comércio desses territórios com terceiros.

Por essa razão, não se pode impedir sua celebração, desde que os direitos aduaneiros para os terceiros não passem a ser mais elevados, ou as outras regulamentações mais severas, do que eram anteriormente. Essa condição é, as vezes, expressa de modo distinto: os acordos desse tipo devem, em princípio, gerar *mais* comércio entre as partes celebrantes, e não *desviar* o comércio previamente existente com terceiros para, assim, favorecer os novos parceiros.

A união aduaneira, menos freqüente do que os acordos de livre-comércio, ocorre sempre que um só território aduaneiro substitui dois ou mais territórios, unificando-os e estabelecendo um mesmo regime aduaneiro para todo o conjunto. No interior da união aduaneira, aplica-se obviamente a mesma regra vigente para os acordos de livre-comércio, isto é, a abolição das tarifas e demais restrições ao essencial do intercâmbio. Além disso, os direitos aduaneiros e outros regulamentos aplicados por cada um dos membros ao comércio com terceiros devem ser idênticos em substância, os membros da união adotando uma "tarifa externa comum".

O Mercosul, por exemplo, aspira a ser uma união aduaneira. Na prática, trata-se de união imperfeita, incompleta, com inúmeras exceções. Sua tarifa externa, supostamente "comum", encontra-se "perfurada" por essas exceções, o que indica já que a união aduaneira é objetivo muito mais ambicioso do que a zona de livre-comércio. É por isso que, freqüentemente, a união aduaneira possui objetivos amplos de integração política. Os Estados independentes que acabaram por constituir o Império Alemão, o Segundo Reich (o Primeiro é o Sacro Império Romano-Germânico, da Idade Média), proclamado em 1º de janeiro de 1871, haviam começado por formar uma união alfandegária, ou *Zollverein* (1828). Da mesma forma, o Mercado Comum Europeu utilizou o formato da união aduaneira, tendo, desde o início, propósitos de integração política.

Já o Nafta é meramente um acordo de livre-comércio, como deseja ser a Alca. Não existindo a obrigação de manter barreira comum em relação ao resto do mundo, cada um dos participantes guarda a liberdade de celebrar outros acordos com terceiros. Foi essa maior flexibilidade que permitiu ao México assinar acordos de livre-comércio com mais de 20 parceiros distintos.

É preciso lembrar, finalmente, que países em desenvolvimento como o Brasil desfrutam de regras mais flexíveis e favoráveis para os acordos de união aduaneira e de livre-comércio que firmam com outros países em desenvolvimento. Tal vantagem decorre da Cláusula de Habilitação (*Enabling Clause*), adotada pelo Gatt em 1969. A Cláusula de Habilitação dá aos países em desenvolvimento o direito de manter acordos que não se conformam totalmente às exigências do artigo 24. Um exemplo é que suas zonas de livre-comércio ou uniões aduaneiras podem cumprir em prazos mais longos, e de modo mais flexível, a exigência de abolir as restrições em relação ao "essencial" do intercâmbio entre as partes.

EVOLUÇÃO HISTÓRICA

Para entender como se chegou à situação atual, é útil ter presente, de modo simplificado e resumido, a evolução das atitudes e regras internacionais em relação ao comércio. Do século 15 ao fim do século 18, os países ocidentais praticaram basicamente o mercantilismo. Para esses países, o comércio era um meio de acumular saldos, que poderiam ou deveriam ser trocados por metais preciosos, ouro ou prata. Entendia-se que, desse modo, os governos entesouravam metais de alto valor e enriqueciam. A contrapartida dessa atitude era o protecionismo generalizado, pois cada nação procurava vender o máximo às outras e delas importar o mínimo possível.

A liderança da Grã-Bretanha na Revolução Industrial levou-a a converter-se ao livre-comércio, ou livre-cambismo. Coincidentemente com a emergência do capitalismo industrial, Adam Smith, David Ricardo e outros lançaram as bases da teoria do livre-comércio. Se todos os países abolissem as barreiras e praticassem a mais completa liberdade comercial, todos maximizariam o bem-estar resultante de uma economia na qual os recursos seriam alocados eficazmente aos setores em que cada um teria maiores vantagens comparativas. Os países ocidentais, atrasados em relação à Inglaterra, tomaram a teoria com algum ceticismo. Nos EUA recém-independentes, Alexander Hamilton, o primeiro secretário do Tesouro, escreveu uma refutação pioneira de Adam Smith, a monografia *On Manufactures* (1791). O trabalho inspiraria o alemão Friedrich List a elaborar, anos depois, uma teoria sistemática sobre a defesa das "indústrias nascentes" (em inglês, *infant industries*).

Ao terem alcançado com o tempo o pleno desenvolvimento industrial, os EUA e os outros países da Europa ocidental foram progressivamente aderindo à teoria do livre-comércio, base conceitual da legislação internacional. No início, durante o século 19, cada um se esforçava por obter dos outros que lhe fosse outorgada a cláusula da nação mais favorecida (NMF). Sempre que essa cláusula fosse estabelecida entre o país A e o país B, por exemplo, qualquer concessão comercial que A fizesse a C, D e outros terceiros devia ser estendida a B, e vice-versa. De bilateral, a cláusula tornou-se, pouco a pouco, de aceitação geral.

Hoje em dia, o sistema internacional de comércio, consubstanciado primeiro no Gatt (1947) e mais tarde na Organização Mundial do Comércio (OMC, 1994), é fundamentado na cláusula NMF. Com efeito, os dois primeiros artigos do Acordo Geral tratam justamente da cláusula NMF e da não-discriminação, alma do sistema de comércio denominado "multilateral", precisamente porque deriva da extensão a todos (ou "multilateralização") das concessões e reduções pactuadas entre os membros do sistema.

O ideal, portanto, seria que a abolição definitiva e completa de todos os direitos aduaneiros e outras restrições se instaurasse entre todos os países, unificando o planeta inteiro num imenso mercado sem discriminações entre os parceiros. Como esse ideal não parece exeqüível a curto prazo, compreende-se que possa haver acordos preferenciais, pelos quais os celebrantes se concedem um tratamento mais favorável, que não estendem aos demais. Tratando-se de exceções à regra geral, elas só se justificarão se forem realizadas no intuito de ir mais longe que os outros estejam dispostos a ir na busca da liberdade comercial.

Os EUA, principal força na criação do Gatt, da OMC e da liberalização comercial no período após o fim da Segunda Guerra Mundial (1945), durante muito tempo encararam com desconfiança e até hostilidade os acordos de livre-comércio e de união aduaneira. Julgavam-nos discriminatórios e tendentes a debilitar o esforço para atingir um sistema multilateral mais livre. Foi apenas por motivos políticos – a necessidade de conter o expansionismo soviético durante a Guerra Fria – que os americanos aceitaram o Tratado de Roma, que criou, em 1957, o Mercado Comum Europeu, com seus seis membros originais: Alemanha Ocidental, França, Itália, Países Baixos, Bélgica e Luxemburgo.

Mesmo depois, os americanos continuaram críticos do bilateralismo e do regionalismo, que lhes parecia séria ameaça ao multilateralismo comercial. Essa posição principia a mudar quando, em 1985, pela primeira vez em décadas, os EUA assinam um acordo bilateral de livre-comércio – no caso, com Israel. Ao longo da Rodada Uruguai, lançada em 1986 com conclusão prevista para 1990, mas só encerrada efetivamente em 1994, Washington foi se afastando gradualmente da defesa intransigente do multilateralismo.[2] A constatação da dificuldade de avançar em negociações complexas, em 15 grupos negociadores, com mais de cem países heterogêneos, convenceu os EUA de que, em muitas áreas, os progressos seriam mais rápidos com menor número de participantes, que, por sua vez, tivessem especial afinidade e comunidade de interesse. Os passos seguintes seriam a conclusão do

Acordo de Livre-Comércio com o Canadá (vigente desde 1988) e, em seguida, a negociação do Nafta com o Canadá e o México (em vigor a partir de 1994); a celebração de outros acordos bilaterais; e, finalmente, o lançamento da Alca (dezembro de 1994).

TENDÊNCIAS ATUAIS

O fator que mais contribuiu para o crescente apelo do regionalismo foi o sucesso do Mercado Comum Europeu, hoje União Européia, que passou de seis a 15 membros e terá, a partir de 2004, 25 nações integrantes. A expansão européia estará longe de esgotar-se nesse número, podendo facilmente ultrapassar 30 ou mais membros, à medida que preencham as condições de ingresso países como a Romênia, a Bulgária, a Turquia, a Albânia, os ex-integrantes da Federação da Iugoslávia e os até agora relutantes em aderir (Suíça, Noruega). A União Européia (UE) já mantém acordos de livre-comércio com nações do Mediterrâneo, do norte da África, do Oriente Médio. Mais de

---

[2] A Rodada Uruguai foi a mais longa, a mais importante e a última das rodadas de negociações do Gatt, culminando na transformação desse último na Organização Mundial de Comércio (OMC). Dentre seus resultados, destacam-se: 1. redução substancial da média das tarifas industriais, proporcionalmente maior nos países em desenvolvimento; 2. incorporação da agricultura às disciplinas da OMC, mediante o acordo que iniciou sua gradual liberalização; 3. decisão de desmantelar progressivamente, até fins de 2005, o Arranjo de Multifibras, que regula as exportações de têxteis dos países em desenvolvimento por meio de cotas discriminatórias; 4. extensão das regras comerciais aos serviços, mediante a assinatura do Acordo Geral Sobre Comércio de Serviços (General Agreement on Trade in Services, Gats); 5. vinculação da propriedade intelectual com o comércio (Acordo Trips) e as medidas de investimento (Acordo Trims); 6. aperfeiçoamento do sistema de solução de disputas.

70 nações da África, do Caribe e do Pacífico (as "ACP"), na maioria ex-colônias européias, pertencem ao acordo de comércio e cooperação firmado em Cotonou com a UE. Além disso, e contrariando a tese da divisão do globo em três blocos mais ou menos estanques, os europeus apressaram-se em assinar acordos de livre-comércio com o México e o Chile.

Ao terem tecido essa impressionante teia com boa parte da África e do Oriente Médio, os europeus forneceram o argumento principal dos que acreditam na provável emergência de três grandes blocos comerciais no mundo. O primeiro, em torno da UE, englobando as nações acima relacionadas, teria o euro como moeda. O segundo seria formado pelas dinâmicas economias asiáticas. Num primeiro momento, pensou-se que o centro seria o Japão, e o iene, sua moeda. Após o início das persistentes dificuldades nipônicas, passou-se à versão nova, em que a China desempenharia papel cada vez mais crucial. O fato é que, mesmo sem negociações ou tratados formais como na Europa, o comércio cada vez aumenta mais entre a China, o Japão, a Coréia do Sul e os asiáticos do leste e do sudeste (Cingapura, Taiwan, Hong Kong, Malásia, Tailândia, Indonésia, Filipinas).

De acordo com essa visão, o terceiro bloco se constituiria em torno do poder aglutinador dos EUA e integraria todo o hemisfério ocidental, usando o dólar como moeda. A Alca seria, assim, sua carta fundadora e constitutiva.

Ainda que se considere a teoria dos blocos como excessivamente esquemática, difícil de conciliar com as inúmeras iniciativas cruzadas entre blocos, não se pode ignorar o desenvolvimento sem precedentes dos esquemas de integração regional. Um recente estudo sobre "Os Acordos Comerciais Regionais e o Sistema

Multilateral de Comércio", da Organização de Cooperação Econômica e Desenvolvimento (OCDE, a instituição dos países mais adiantados), conclui que a porcentagem do comércio mundial abrangida pelos acordos regionais preferenciais é hoje de 43% e poderá alcançar 55% em 2005, se todos os projetos de acordos em negociação forem confirmados.[3]

Até outubro de 2002, o Gatt-OMC tinha recebido as notificações de 255 acordos regionais de comércio. Desse total, 213 foram notificados no âmbito do artigo 24, e 131 destes estavam ainda vigentes. A tendência para celebrar acordos regionais mais que triplicou nos últimos dez anos. Conforme vimos, os EUA se mantiveram por muito tempo à margem da tendência. Contudo, a partir dos acordos com Israel, o Canadá e o Nafta, decidiram recuperar com juros o tempo perdido, assinando acordos de livre-comércio com a Jordânia e o Chile, propondo a Alca a 33 países do hemisfério ocidental e iniciando negociações com Cingapura, a Austrália, os países-membros do acordo da África meridional e as nações da América Central.

Além da extraordinária proliferação de acordos bilaterais ou regionais de livre-comércio, o panorama atual apresenta, nesse domínio, duas notáveis inovações em relação ao passado. A primeira é o rápido aumento do número de acordos que reúnem países avançados e subdesenvolvidos, isto é, economias em grau muito distinto de estrutura econômica, nível de produtividade ou tecnologia e competitividade comercial. Até a década de 1980, a maioria dos acordos se concluía apenas entre nações de certa homogeneidade, sendo

---

[3] "Regional Trade Agreements and the Multilateral Trading System". Paris: OCDE, 29-30/10/2002. O estudo pode ser encontrado no site: kenneth.heydon@oecd.org

ou todas industrializadas – caso do Mercado Comum Europeu original –, ou todas em desenvolvimento – o exemplo da Alalc, da Aladi, do Mercosul. Quando o Mercado Comum Europeu decidiu incorporar países mais atrasados, como a Espanha, a Irlanda, a Grécia e Portugal, uma peça essencial foi a significativa ajuda financeira concedida às regiões mais pobres, generalizando-se as transferências que já existiam para zonas como o sul da Itália. No momento em que se postulou a negociação do Nafta, o México invocou esse exemplo europeu e sua condição de país muito mais atrasado do que os EUA e o Canadá. Os americanos se recusaram, entretanto, a fornecer qualquer modalidade de ajuda, inclusive a criação de um banco ou fundo para financiar obras de infra-estrutura, no modelo do Banco Interamericano de Desenvolvimento (BID). Washington sempre insistiu em que o acordo deveria ater-se exclusivamente aos aspectos comerciais e que os eventuais benefícios teriam de derivar do comércio, não da ajuda.[4]

De certa forma em contradição com esse aparente exclusivismo comercial, a proposta da Alca estende-se muito além do comércio, configurando a segunda tendência recente em favor de acordos ampliados para cobrir as normas regulatórias sobre serviços e inúmeros outros temas, até pouco tempo atrás

---

[4] Nas negociações da Alca, discute-se a possibilidade de estender às economias menores ou mais débeis mecanismos de assistência do gênero do adotado pelo Congresso americano. Este, com efeito, exigiu, como condição para aprovar a autorização de negociar acordos comerciais de qualquer natureza, a adoção de um programa de bilhões de dólares, a fim de ajudar os trabalhadores americanos eventualmente prejudicados pelos resultados das negociações. A ajuda poderá ser dada de modo diverso: retreinamento, pensões, seguro médico etc. Não está ainda definido na Alca que países se beneficiariam da assistência e em que condições seria ela administrada.

pertencentes à esfera da soberania de cada governo. Progressivamente, estreita-se a margem da liberdade dos governos na escolha de políticas de desenvolvimento, proibindo-lhes o recurso a soluções largamente utilizadas pelos ricos quando se encontravam em estágio mais atrasado e aplicadas até poucos anos atrás (com êxito) por nações como o Japão e a Coréia do Sul. Nesse sentido, acordos verdadeiramente restritos aos aspectos comerciais são, em geral, apenas os concluídos entre países em desenvolvimento. O Mercosul, apesar de toda a sua ambição, quase nem alcança a área de serviços, que é usualmente a primeira a ser incorporada quando se expandem as fronteiras do sistema comercial. A proposta da Alca contém tanto ou mais sobre áreas apenas indiretamente vinculadas ao comércio do que sobre o intercâmbio comercial propriamente dito.

O PANORAMA ATÉ HOJE

Em 1889, o secretário de Estado James Blaine, durante o governo democrata do presidente Grover Cleveland, propôs uma "união aduaneira" que se estendesse "do Alasca à Patagônia". Na reunião que se realizou em Washington em 1889-90, os países americanos consideraram, em sua maioria, que a idéia era prematura e inconveniente. O Brasil, cuja primeira delegação teve de ser substituída devido à proclamação da República, não se destacou particularmente nas discussões. A oposição principal veio da Argentina, representada por duas eminentes personalidades, destinadas mais tarde a tornarem-se presidentes da República Argentina: Roque Sáenz Peña e Manuel

Quintana. Ostentando na época a economia mais próspera do continente após a dos EUA (o Canadá ainda era um *dominion* da Coroa britânica), a Argentina não tinha nenhum interesse numa união aduaneira com os americanos, uma vez que as exportações platinas (carne, trigo, lã) concorriam com as ianques e encontravam seu mercado principal na Grã-Bretanha. Era óbvio, assim, que Buenos Aires nada teria a ganhar em dar vantagens aos americanos e impor uma barreira tarifária comum contra os britânicos. Embora a proposta tivesse fracassado, a reunião foi marco importante na evolução do movimento pan-americano, que daria origem à União Pan-Americana, antecedente da Organização dos Estados Americanos (OEA).

Após longo crepúsculo (um século), a velha idéia reapareceu em 1990, num discurso no qual o presidente George Bush anunciava planos para uma zona de livre-comércio (não mais união aduaneira) "estendendo-se do porto de Anchorage [Alasca] à Terra do Fogo". Pouco tempo depois, assinava-se o tratado do Nafta, semente dessa futura zona. Coube ao presidente Bill Clinton lançar oficialmente a iniciativa na I Cúpula das Américas, em Miami, em dezembro de 1994. A princípio, o projeto arrastou-se, pois no outono de 1997 o Congresso americano negou ao presidente a autorização para negociar acordos comerciais em *fast track* (tramitação rápida).

Apesar dessa recusa, as negociações começaram efetivamente a partir da II Cúpula das Américas, em Santiago do Chile, em abril de 1998. Em novembro de 1999, realizou-se a Reunião Ministerial de Comércio, em Toronto, e, em abril de 2001, a III Cúpula das Américas, em Quebec, ocasião em que os líderes aprovaram o calendário para a conclusão das negociações e a entrada em vigor do acordo. Em novembro de 2002, durante a Reunião Ministerial de Comércio em Quito, o Brasil e os EUA assumiram a co-presidência das negociações. Nesse ínterim, em julho do mesmo ano, o governo do segundo presidente Bush conseguiu finalmente obter o *fast track*, criando-se a expectativa de que o processo se aceleraria, a fim de cumprir o calendário, que prevê a conclusão das negociações em janeiro de 2005 e a entrada em vigor do acordo em dezembro daquele mesmo ano.

2. ORGANIZAÇÃO DAS NEGOCIAÇÕES

As negociações da Alca desenrolam-se em nove grupos, sob a autoridade de um Comitê de Negociações Comerciais (CNC), composto de vice-ministros. Além dos grupos negociadores, existem três comitês assessores para lidar com: 1. a participação das pequenas economias; 2. a contribuição da sociedade civil; 3. o comércio eletrônico.

Até agora, já se realizaram mais de 150 reuniões negociadoras, cujo primeiro resultado foi um esboço preliminar da Alca, documento de cerca de 450 páginas, divulgado na Internet em julho de 2001.[5] Quase todos os dispositivos desse texto se encontram entre colchetes - os parênteses especiais que simbolizam, na linguagem diplomática, a inexistência de acordo sobre o conteúdo. Tanto essa primeira

[5] O documento pode ser consultado e obtido no site: http://ftaa-alca.org

versão como a mais recente são, no fundo, compilações ou colagens das diversas propostas feitas por países diferentes, às vezes em direta contradição umas com as outras. A inspiração principal da maioria das passagens é o texto do Nafta. Conforme afirma um estudo recente (outubro de 2002) do Institute for Policy Studies, de Washington, "muitas seções [da Alca] reproduzem a linguagem do Nafta palavra por palavra".[6]

É a seguinte a relação dos nove grupos negociadores: Agricultura; Acesso a Mercado; Subsídios, *Antidumping* e Direitos Compensatórios; Serviços; Direitos de Propriedade Intelectual; Investimentos; Política de Concorrência; Compras Governamentais; e Solução de Controvérsias.

As negociações recebem apoio administrativo de um secretariado e podem contar com o apoio técnico de um Comitê Tripartite, formado da OEA, do BID e da Comissão Econômica das Nações Unidas Para a América Latina e o Caribe (Cepal, com sede em Santiago do Chile).

PRINCÍPIOS ORIENTADORES

Na reunião de março de 1998 em São José da Costa Rica, os ministros de Comércio criaram os nove grupos negociadores e adotaram os princípios gerais que serviriam para orientar o processo negociador. É a se-

---

[6] Sarah Anderson e John Cavanagh, "State of the Debate on the Free Trade Area of the Americas". Washington: Institute for Policy Studies (in cooperation with the Rockefeller Foundation), 14/10/2002; p. 6 (www.ips-dc.org).

guinte a relação dos princípios-chave e seu significado na prática das negociações:

• As decisões serão tomadas por consenso: não está claro se a Alca poderá ser constituída se um ou mais países recusarem o resultado final, sendo provável que a zona de livre-comércio seja formada pelos que aceitem o acordo, caso não sejam expressivas nem muito numerosas as recusas.

• A Alca será consistente com as regras e disciplinas da OMC e deverá melhorá-las sempre que possível e apropriado: o provável é que a Alca tente estabelecer obrigações *OMC-plus*, isto é, que vão além das atuais obrigações da OMC, sendo esse, ao menos, o declarado objetivo dos EUA nas áreas que lhe são favoráveis (por exemplo: propriedade intelectual, serviços, investimento), embora aleguem que nos domínios em que as dificuldades são americanas (agricultura, subsídios, *antidumping*, direitos compensatórios) não se poderá ultrapassar na Alca o limite das obrigações impostas pela OMC.

• A Alca será um *single undertaking*, ou "empreendimento único, indivisível": não se poderão aceitar partes do acordo e rejeitar outras, sendo preciso aceitar ou recusar tudo, o que acarreta o perigo de repetição do ocorrido na Rodada Uruguai, quando os países em desenvolvimento fizeram concessões muito mais custosas em propriedade intelectual, investimento e outras áreas do que as que ganharam em agricultura ou têxteis.

• A Alca pode coexistir com acordos bilaterais e sub-regionais, na medida em que os direitos e as obrigações estipuladas por esses acordos não são cobertos ou se estendem além dos direitos e das obrigações da Alca: em princípio, o Nafta, o Mercosul, o Grupo Andino e outros acordos não serão abolidos nem revogados pela Alca, embora essa última tenha precedência nas áreas em que avance mais na liberalização das barreiras comerciais ou das normas de investimento (tal princípio já havia sido aprovado na reunião de Belo Horizonte, apesar da oposição dos EUA).

• Atenção especial será conferida às necessidades das economias menores: esse problema do tratamento especial e diferenciado a ser concedido aos países menos avançados é um dos mais difíceis e frustrantes, quer no antigo Gatt, quer na atual OMC, quer na União Européia (menos, talvez), quer no Mercosul (entre a Argentina e o Brasil, de um lado, e o Uruguai e o Paraguai, do outro).

A ACELERAÇÃO DO PROCESSO NEGOCIADOR

Já vimos que, em julho de 2002, o Executivo americano conseguiu finalmente do Congresso a autorização para negociar acordos comerciais. Para entender o que isso significa, convém lembrar que a Constituição dos EUA reservou ao Legislativo o poder de decidir sobre reduções tarifárias e sobre comércio em geral. Essa prerrogativa foi ciumentamente preservada pelos legisladores durante os primeiros 150 anos da existência da nação, período que coincide, aliás, com o auge do protecionismo americano. Em 1934, sob a primeira presidência de Franklin D. Roosevelt e como um dos meios de combater a Grande Depressão (iniciada com o colapso da Bolsa de 1929), o Congresso delegou pela primeira vez ao Executivo a faculdade de decidir sobre tarifas e acordos. A partir de então, e ao longo de oito etapas sucessivas, a maioria das quais coincidentes com as rodadas do Gatt, as diversas administrações americanas reduziram progressivamente as barreiras tarifárias, de uma média inicial acima de 50% a níveis inferiores a 5%.

As autorizações legislativas nunca constituem "carta branca". Vêm sempre acompanhadas de limitações e condicionantes. Garantem, entretanto, que os acordos, uma vez concluídos, serão examinados em sua integridade, o Congresso podendo apenas aprová-los ou rejeitá-los, sem emendas nem alterações. Assegura-se, assim, o *fast track*. Sem isso, nenhum país se dispõe a negociar a sério com os EUA, já que se arrisca a pagar duplo preço, primeiro ao Executivo, depois ao Congresso.

Daí a importância indiscutível da vitória do governo Bush, que, à custa de graves concessões, logrou obter a votação da Trade Promotion Authority (TPA, Autorização de Promover Comércio), nome oficial do *fast track* de 2002. Veremos oportunamente em que aspectos as concessões feitas pelo Executivo complicarão as negociações não só da Alca, mas também da OMC e de outras de natureza bilateral, regional ou multilateral, uma vez que a TPA se aplica à totalidade das negociações. No momento, todavia, não há como negar que a autorização remove um dos obstáculos mais sérios à Alca, origem de boa parte do ceticismo com que se encarava o projeto. Prova da efetividade da TPA foi que, sem ter perdido tempo, o Executivo logo finalizou o acordo de livre-comércio com o Chile, que se arrastava havia dez anos, dando, com esse gesto, um sinal claro de sua determinação de completar a negociação da Alca.

Sem embargo, não prosperaram as tentativas do Canadá e da Costa Rica de antecipar o cronograma das negociações. Poucos meses decorridos da aprovação da TPA, realizou-se em Quito, em novembro de 2002, a VII Reunião dos Ministros do Comércio do Hemisfério, que marca o início da última etapa de negociação do acordo. Entre a Reunião Ministerial de Buenos Aires (abril de 2001) e a de Quito, registraram-se 18 meses de negociações, mas os progressos não foram particularmente significativos. É verdade que, em Quito, produziu-se uma segunda versão da minuta do texto consolidado do futuro acordo, da qual se eliminaram alguns colchetes. Quase invariavelmente, os colchetes suprimidos referiam-se apenas a repetições inúteis, tendo sido mantidos praticamente todos os que expressam divergência sobre o conteúdo. A segunda versão parece uma cópia, melhorada na forma, da primeira, apresentada em Buenos Aires. Foram também preservados os prazos do cronograma.

Desse cronograma, um dos componentes mais relevantes pelas implicações práticas é a fixação dos prazos para o intercâmbio de ofertas nos cinco grupos de acesso a mercado (agricultura; acesso a mercados, querendo com isso referir-se a produtos industriais; serviços; compras governamentais; investimentos). As datas fixadas são as seguintes: de 15 de dezembro de 2002 a 15 de fevereiro de 2003, apresentação de ofertas iniciais; de 15 de fevereiro a 15 de julho de 2003, revisão das ofertas; e, a partir de 15 de julho de 2003, apresentação de ofertas melhoradas.

O lançamento das negociações de acesso a mercados constitui, em princípio, um desenvolvimento expressivo. Seu significado real viu-se, contudo, consideravelmente diminuído pela maneira que se chegou à decisão. De fato, a fim de permitir que houvesse acordo sobre as datas de apresentação das ofertas iniciais, adiaram-se decisões fundamentais acerca da definição de métodos e modalidades em todos os cinco grupos. Como era previsto, essa indefinição já levou à apresentação de ofertas de estrutura discrepantes e até incompatíveis, tornando difícil, ou mesmo impossível, avaliá-las e compará-las umas em relação às outras.

Um exemplo claro do problema é o que se refere ao domínio crucial de acesso a mercados em bens, isto é, mercadorias industriais ou agrícolas. Existiam três posições distintas sobre o método para determinar as concessões tarifárias:

- a do Canadá e da Costa Rica, que advogavam a aplicação do princípio da nação mais favorecida (NMF), sem exceções, pelo qual cada país teria uma só lista de produtos e um só calendário para a redução de barreiras, que seriam os mesmos para todos os parceiros;
- a do Mercosul, dos andinos e de outros, que desejavam listas únicas de produtos por país, mas com etapas diferentes de desgravação (redução de gravames e tarifas), de forma tal que as economias avançadas (EUA, Canadá) deveriam completar a eliminação das barreiras mais rapidamente do que as outras, favorecendo-se com esquema mais acelerado de remoção de obstáculos os países de menor desenvolvimento, como a Bolívia, o Paraguai e outros;
- a dos EUA, que preferiam formular ofertas diferentes para cada grupo de países, com etapas de desgravação distintas segundo os casos.

Conforme se percebe, as duas primeiras posições inspiram-se na cláusula da nação mais favorecida, aplicada à região; isto é, toda concessão feita por um país qualquer se aplicaria a todos os demais, com a única diferença de que, no primeiro caso (do Canadá e da Costa Rica), isso se faria de modo uniforme e nos mesmos prazos, ao passo que, no segundo, as concessões entrariam em vigor conforme prazos diferentes.

Em outras palavras, as concessões seriam multilateralizadas, valeriam para todos, não somente para alguns, de acordo com o espírito de não-discriminação do sistema internacional de comércio.

Já a postura americana conduz à bilateralização das concessões e à proliferação de regimes diferentes de liberalização, multiplicando a possibilidade de criar tratamentos discriminatórios segundo os parceiros. É claro que Washington justifica a discriminação com o argumento de que beneficiará assim os mais necessitados. Alguns poucos exemplos bastam para mostrar que nem sempre será esse o caso. Na agricultura, em que os EUA enfrentam dificuldades em competir com o Brasil em suco de laranja ou açúcar, os americanos poderiam fazer concessões em tais produtos a economias menores, na prática incapazes de competir em grande escala nessas áreas. Ao mesmo tempo, se os EUA puderem preservar por longo tempo os regimes preferenciais que estabeleceram com o México (Nafta) ou com os caribenhos (Caribbean Basin Initiative), o acordo agravará a discriminação que o Brasil já sofre em relação a esse países, pois as concessões brasileiras não terão como contrapartida imediata igualar as condições do nosso país de competir com os favorecidos pelos regimes de preferência.

Por detrás disso, há um problema mais grave, que é a tendência de os EUA se inclinarem cada vez mais pelo unilateralismo na condução de suas relações comerciais. Tempos atrás, quando a idéia da Alca principiava a ser discutida, dizia-se que existiam duas abordagens possíveis para o formato das negociações. Uma, mais democrática e relativamente igualitária, seria os 34 países do hemisfério negociarem uma moldura de regras comuns e não-discriminatórias. A outra, também chamada na época de "modelo do eixo e dos raios", consistiria em que os EUA (o eixo) tomariam a iniciativa de propor acordos distintos a outros países ou grupos de países (os raios), em seqüência, de modo a arrancar o máximo de concessões de cada um, sob a ameaça de isolar os recalcitrantes.

As negociações se iniciaram sob o primeiro formato e, no essencial, continuam a obedecer a essa inspiração. Contudo, a frustração com a resistência (sobretudo brasileira) e, mais recentemente, o aumento da autoconfiança oriunda da aprovação do TPA têm levado autoridades americanas não só a ameaças verbais de bilateralizar as iniciativas, mas também a ações concretas nesse sentido, como o acordo com o Chile, o início de negociações com a América Central e a renovação dos esquemas de tratamentos preferenciais já existentes, como os que favorecem os caribenhos e os andinos. Dessa forma, espera Washington não apenas isolar os reticentes, como também aumentar a pressão em favor da aceitação de suas exigências em propriedade intelectual, investimentos, compras governamentais etc. Uma vez mais, esse desenvolvimento inquietante traz à luz como o unilateralismo, a bilateralização das ofertas, permite aos fortes empregar ao máximo seu *market power*, o poder derivado do seu mercado, com vistas a discriminar dentre os inúmeros aspirantes, premiando uns, castigando outros.

Veremos agora quais são as principais questões que se examinam, no momento, nos diversos grupos negociadores.

3. OS NOVE GRUPOS NEGOCIADORES

AGRICULTURA

Os objetivos oficiais nesse setor são a eliminação progressiva das tarifas e outras barreiras de acesso a mercado, dos subsídios à exportação e dos apoios domésticos distorcivos do comércio. Os americanos costumam orgulhar-se da eficiência e produtividade de sua agricultura. Não obstante, sua política agrícola vem evoluindo em sentido cada vez mais protecionista. Em 2002, a nova lei agrícola não só aumentou os subsídios domésticos em mais de dois terços em relação à anterior – quase 80%, ao longo de seis anos –, como também sinalizou um retrocesso sobre a lei de 1996. Ao contrário dessa última, que tinha iniciado uma evolução gradual para desvincular os pagamentos de ajuda aos agricultores do volume produzido, a nova legislação reintroduz dispositivos que vão na direção oposta. Dessa maneira, o aumento dos subsídios e sua vinculação direta à produção terão o efeito nefasto de agravar a superprodução e a queda de preços em inúmeros produtos (como o algodão, por exemplo), uma vez que os agricultores, protegidos pelos pagamentos de compensação, continuarão a produzir, sem importar-se com a queda das cotações internacionais. O pior é que, embora a lei tenha prazo de duração até 2006, os subsídios são previstos para durar vários anos além dessa data, ultrapassando, portanto, o final das negociações e a entrada em vigor dos acordos ora em negociação na OMC e na Alca.

Como se isso não bastasse, o Congresso incluiu na TPA um complicado processo de autorização a ser exigido para qualquer negociação tendente a reduzir a proteção de uma lista de produtos agrícolas qualificados como particularmente sensíveis à concorrência internacional. Chegam a mais de 500 as linhas tarifárias nessa situação, definida como a dos produtos para os quais, no final da Rodada Uruguai, os EUA ofereceram a menor concessão possível: uma redução de 15% escalonados ao longo de seis anos. Quase todos os produtos de prioritário interesse brasileiro estão nessa categoria.

Nesse caso, se o governo dos EUA quiser fazer uma oferta para reduzir a proteção, a autorização da TPA não será suficiente. O *United States Trade Representative* (USTR, ou Representante Comercial dos EUA, uma espécie de ministro do Comércio Exterior) deverá enviar uma notificação especial a cinco órgãos do Congresso, que terão de ser ouvidos: as duas Comissões de Agricultura (Câmara e do Senado); a Comissão de *Ways and Means* da Câmara; a Comissão de Finanças do Senado; e um órgão misto incumbido de supervisionar as negociações. Ademais, o

USTR está obrigado a solicitar à U.S. International Trade Commission (Comissão de Comércio Internacional dos EUA) que conduza consultas junto aos setores interessados (audiências públicas, por exemplo, com associações agrícolas que desejarem apresentar objeções) e realize estudos acerca do impacto provável das cogitadas concessões sobre os setores afetados e a economia do país como um todo. Se, depois disso tudo, o USTR persistir no propósito, terá de voltar a contactar os cinco órgãos citados. Conforme se vê, pode não ser uma proibição definitiva, mas não está muito longe disso.

Não surpreenderá a ninguém que a origem desse verdadeiro "percurso de obstáculos" seja uma das entidades mais impenitentes no seu protecionismo ferrenho dirigido especificamente contra o Brasil: a Florida Citrus Association (Associação Cítrica da Flórida), a qual, na petição responsável pela inovação, deixou claro que seu intuito é impedir que os EUA façam nova concessão ao suco de laranja brasileiro além da módica redução de 15% efetuada ao final da Rodada Uruguai, a primeira redução, aliás, em 50 anos.

Pouco antes do prazo de 15 de fevereiro de 2003, Washington encaminhou suas ofertas, que, no caso da agricultura, confirmaram alguns temores e desmentiram outros. No primeiro caso, foram excluídas, conforme se esperava, todas as concessões em matéria de subsídios de ajuda direta à agricultura ou mecanismos distorcivos das exportações agrícolas, como os créditos à exportação, por exemplo. Alegam os americanos que esses temas são de natureza sistêmica e só poderão ser resolvidos em negociações de que participem parceiros não-envolvidos na Alca – a União Européia principalmente, mas também o Japão, a Suíça, a Noruega, a Coréia do Sul. Nesse particular, apenas as negociações da OMC poderiam modificar para melhor o teto máximo atingível, que é o decorrente da Rodada Uruguai. É interessante como esse raciocínio, aplicado igualmente a outro tópico de dificuldade para os EUA (*antidumping* e subsídios), não se estende a temas que são tão ou mais sistêmicos que a agricultura e o *antidumping*, tais como os serviços, a propriedade intelectual, as compras governamentais e os investimentos, áreas nas quais o objetivo declarado dos americanos é uma Alca que seja *OMC-plus*, isto é, que vá mais longe do que seria possível na OMC.

Em contraste com essa atitude negativa, registrou-se surpresa relativamente positiva com a decisão das autoridades americanas de não excluir, em princípio, nenhum produto, nem mesmo os sensíveis, da negociação e da desgravação progressiva. É verdade que isso não bastará para alcançar progressos rápidos. Pelo que se filtrou da oferta ianque ao Mercosul (as ofertas são teoricamente sigilosas), os produtos mais complicados de interesse do Brasil (como o suco de laranja ou o açúcar, por exemplo) só começariam a ter as tarifas reduzidas após período inicial de dez anos, isto é, seriam deixados para a última e distante etapa de desgravação gradual. Mesmo após essa espera, não está claro se a desgravação teria início em dez, 15, 20 anos (no caso do acordo com o Chile, o prazo é de 12 anos), como se processaria a redução, em que velocidade etc. Todas essa questões cruciais apenas começarão a ser exploradas a partir de agora, à medida que as ofertas forem revistas e melhoradas, antes do início efetivo das negociações finais. Será então possível testar na prática qual é o espaço existente para avanços significativos nos produtos de prioritário interesse exportador brasileiro.

A fim de ilustrar como será difícil para o Brasil obter ganhos expressivos nas negociações da Alca sobre agricultura, é útil lembrar o que escreveu um dos maiores especialistas brasileiros em comércio agrícola, o professor Marcos Sawaya Jank, da Universidade de São Paulo. Após ter reconhecido que a maioria das tarifas americanas estava hoje abaixo dos 5%, o professor Jank, que assessorava na ocasião a OEA, afirmava: "No entanto, dentre as 10 mil linhas tarifárias existentes nos EUA, há 130 que excedem 35% – no momento a tarifa máxima cobrada pelo Brasil. Dessas 130, cerca de cem se concentram no *agribusiness*, protegendo diretamente – com o que se poderia chamar de 'precisão cirúrgica' – exatamente os produtos que são mais relevantes para o Brasil, tais como suco de laranja, açúcar, etanol, tabaco, laticínios e subprodutos do cacau".[7]

ACESSO A MERCADOS

Esse grupo trata de produtos industriais, área em que mais se reduziram as tarifas dos países avançados. Como os países em desenvolvimento conservaram, em média, tarifas mais elevadas para proteger suas indústrias, decorre dessa discrepância uma das dificuldades de negociar nos moldes da Alca um acordo entre os EUA e o Canadá, de média tarifária baixa, de um lado, e 32 países subdesenvolvidos, com tarifas mais altas, do outro. Para os primeiros, custa pouco remo-

[7] Marcos Sawaya Jank, "U.S. Agricultural Protectionism: FTAA Seed of Discord", no site da Organização dos Estados Americanos (OEA): www.sice.oas.org

ver ou reduzir tarifas que, em geral, estão já próximas do zero. Nos setores que desejam continuar a proteger, os chamados produtos "sensíveis" (agricultura, têxteis, aço), esses países seguem praticando tarifas extremamente elevadas e reservam sua redução para a última fase do processo, às vezes uma década após seu início. Ademais, muitas vezes a proteção mais efetiva é obtida não pelas tarifas, mas pelas chamadas barreiras não-tarifárias, como as salvaguardas, o *antidumping*, os direitos compensatórios etc., que os americanos se recusam a pôr em discussão para valer na Alca.

Já para os subdesenvolvidos, cuja proteção se baseia mais em tarifas relativamente elevadas, o sacrifício de reduzi-las ou eliminá-las é, proporcionalmente, muito superior, pois desse modo expõem indústrias nacionais frágeis à concorrência das indústrias consolidadas dos poderosos, com o risco de fechamento de fábricas, aumento de desemprego e outras conseqüências difíceis de aliviar devido à ausência de "redes de segurança social" (em contraste com os EUA, onde o Congresso exigiu programa de ajuda aos trabalhadores prejudicados).

Contrariamente ao que se pensa, a desgravação ou diminuição das tarifas e outras barreiras não é feita de uma só vez ao entrar em vigor o acordo, mas sim de maneira gradual, em etapas escalonadas, segundo o grau de dificuldade e resistência dos setores envolvidos. A experiência do Nafta é elucidativa. Apesar de estar em vigor há praticamente dez anos, só agora (2003) o acordo da América do Norte incluiu a carne de porco e de frango, faltando ainda vários anos para chegar ao produto mais difícil de todos, o milho, que afeta milhões de camponeses pobres, freqüentemente indígenas, no México.

Essa prática geral não impede, é claro, tentativas dos mais fortes para acelerá-la nos produtos em que são particularmente competitivos. Desde a Rodada Uruguai, por exemplo, os EUA vêm tentando, sem êxito, o que chamam de "zero por zero", isto é, a imediata remoção de todas as tarifas numa relação de indústrias que vão da química aos brinquedos, passando por diversas outras (no caso da Alca: química, construção, equipamento elétrico, equipamento médico, equipamento de mineração, produtos energéticos, produtos ambientais, produtos da madeira, tecnologia da informação, papel). Em todos esses setores, os EUA possuem forte competitividade e, em geral, têm poucas barreiras a remover. Note-se também que oferecem tarifa zero em aço, área na qual não são competitivos, mas se recusam remover as verdadeiras restrições nessa área: salvaguardas, *anti-dumping*, direitos compensatórios.

As decisões mais importantes do Comitê de Negociações Comerciais da Alca (CNC) sobre produtos industriais deixam o campo aberto a consideráveis incertezas, podendo agravar o desequilíbrio existente em alguns setores. Vejamos os exemplos principais:

• Todos os produtos estarão sujeitos à negociação, mas não à desgravação integral, o que permitiria separar alguns produtos sensíveis, a serem protegidos quase indefinidamente. Para compreender as implicações dessa hipótese, vale lembrar que, para cobrir com folga todos os produtos prioritários de interesse do Brasil, tais como suco de laranja, açúcar, etanol etc., bastaria a Washington relegar à última etapa de desgravação 1% de suas importações.

• A redução e eliminação de tarifas será linear, com possibilidade de exceções não-lineares. Isso quer dizer que a redução será mais lenta nos produtos protegidos por barreiras altas. A fim de lidar com esses "picos tarifários", mais indicado teria sido aplicar-lhes reduções proporcionalmente mais elevadas. Do contrário, premiar-se-ia o protecionismo do passado.

• São previstos quatro grupos para a classificação dos produtos: 1. eliminação imediata das tarifas; 2. eliminação em não mais que cinco anos; 3. eliminação em não mais que dez anos; 4. eliminação em período superior a dez anos.

Conforme era já esperado, os EUA formularam, pouco antes do prazo de 15 de fevereiro de 2003, ofertas diferenciadas que discriminaram os beneficiários, divididos em quatro grupos segundo o grau de eliminação imediata das tarifas:

• Caribe (14 países): 91% das tarifas industriais e 85% das agrícolas.

• América Central (Costa Rica, El Salvador, Guatemala, Honduras e Nicarágua): 66% das industriais e 64% das agrícolas.

• Andinos (Bolívia, Colômbia, Equador, Peru e Venezuela): 61% das industriais e 68% das agrícolas.

• Mercosul (Argentina, Brasil, Paraguai, Uruguai): 58% das industriais e 50% das agrícolas.

Outra questão de relevo para as negociações tarifárias, resolvida na Alca de forma discutível, é o nível de tarifa a partir do qual devem ser efetuadas as reduções. Com efeito, a maioria dos países possui dois tipos de tarifa: a consolidada na OMC (*bound*; "amarrada" seria a denominação mais sugestiva) e a efetivamente aplicada. A primeira não pode ser aumentada sem oferecer compensações aos parceiros afetados. Daí ser ela "amarrada". Na prática, muitos governos aplicam tarifa mais baixa. Por exemplo, o teto máximo das tarifas consolidadas pelo Brasil na OMC é de 35%, mas, em anos recentes, a média da tarifa efetivamente cobrada tem sido inferior a 10% e mesmo, às vezes, a 8%.

Conserva-se a tarifa consolidada em nível mais elevado como "colchão de segurança" ou "margem de segurança", caso o país tenha necessidade de elevar a tarifa. Quando o ministro Domingo Cavallo foi chamado de volta ao governo da Argentina, em fase de graves dificuldades econômicas, ele, não podendo mexer no câmbio para reduzir o déficit comercial, só teve um recurso: elevar as tarifas até o teto consolidado. Pois bem, as negociações tarifárias no antigo Gatt, e agora na OMC, tradicionalmente se fazem a partir do nível consolidado, não só porque é o único com existência legal, mas também porque o nível aplicado pode variar até diversas vezes no mesmo ano. Alegando que, no caso de constituição de área de livre-comércio, é interesse de todos chegar o mais rápido possível à eliminação de tarifas, Washington propôs que se partisse do nível aplicado. Os negociadores brasileiros estiveram divididos nessa matéria, que acabou resolvida em favor da aceitação da proposta, a qual contava também com forte apoio dos outros países do Mercosul.

Não adianta chorar sobre o leite derramado, pois a decisão foi tomada e é irreversível. O tempo dirá se terá válido a pena mais essa concessão brasileira para evitar a debandada de nossos vacilantes e duvidosos parceiros.[8] Além do temor do esfacelamento do Mercosul, só há um argumento em favor da posição oficial: é que partir do nível aplicado (o mais baixo) convém a todos, pois existiria interesse coletivo em alcançar o mais rápido possível a total eliminação dos gravames.

Contra isso, há três argumentos:

---

[8] Não para reabrir questão fechada, mas, como diziam os antigos, a título de último tiro em honra do pavilhão, cumpre-me dizer que fui vencido, mas não convencido.

• Não na teoria, mas na prática, esse interesse existe de fato para quem propõe o acordo (o demandante), os EUA, e não para os recalcitrantes, como o Brasil.

• O Brasil poderia ser flexível se os EUA mostrassem igual flexibilidade em áreas de nosso interesse, o que está longe de ocorrer.

• A "essência" de um acordo de livre-comércio exigiria não só adotar a tarifa aplicada, mas também abolir o *antidumping*, como fizeram a Austrália, a Nova Zelândia e os países do Mercado Comum Europeu, hipótese de que os americanos não querem nem ouvir falar.

A flexibilidade demonstrada pelo Brasil foi infelizmente unilateral, sem contrapartida.

SERVIÇOS

O objetivo é liberalizar o comércio em serviços, o que pode abranger desde cadeias de restaurantes *fast food* de propriedade estrangeira (McDonald's, Pizza Hut) até serviços financeiros (bancos), seguros, telecomunicações, consultoria, engenharia de construção, contabilidade, auditoria, publicidade, advocacia, serviços médicos e hospitalares etc.

O setor de serviços foi um dos primeiros a ter sido incorporado pela expansão das fronteiras do sistema comercial. A Rodada Uruguai teve efetivamente êxito em produzir um Acordo Geral Sobre Comércio de Serviços (General Agreement on Trade in Services, Gats). Proposto pelos países avançados, o acordo encontrou, de início, forte resistência da parte dos subdesenvolvidos, que alegavam tratar-se de tema que só beneficiaria os mais ricos, únicos a exibir competitividade na matéria. A fim de vencer a resistência, foi preciso transigir, aceitando que o acordo tivesse estrutura que permitisse liberalização gradual e progressiva, dando tempo aos mais débeis para adaptarem-se e aumentarem a capacidade própria de competir. A principal expressão do compromisso foi ter-se definido que a liberalização seria traduzida em "listas positivas", isto é, cada país inscreveria nos anexos os setores que estava disposto a abrir aos demais, só estando obrigado à liberalização nos voluntariamente inscritos. Em contraposição, os EUA e os demais industrializados preferiam o formato das "listas negativas", pelas quais todos os setores seriam, em princípio, liberalizados, salvo nos casos de exceção, inscritos nas listas. Esse último modelo foi o que prevaleceu no Nafta. Entretanto, o sistema do Gats da OMC não impediu liberalização significativa, como a alcançada em negociações específicas nos serviços financeiros e nos serviços básicos de telecomunicações.

O problema apareceu de novo na Alca, em que os americanos voltam a insistir no formato das listas negativas do Nafta, ao passo que os brasileiros e outros advogam o modelo das listas positivas do Gats. Tal como nas tarifas, esse problema da arquitetura básica do acordo de serviços foi outra das questões fundamentais que o CNC da Alca não conseguiu resolver, adiando a decisão para permitir que se cumprisse o prazo de apresentação das ofertas. É óbvio que, uma vez mais, será difícil comparar ofertas em serviços inspiradas em abordagens não só diversas, mas opostas.

Existem evidentemente outras dificuldades em serviços, oriundas de uma causa principal: a enorme disparidade de capacidade para regulamentar e supervisionar entre os EUA e o Canadá, de um lado, e todos os demais, do outro. Deficientes em capacidade de elaborar e aplicar normas regulatórias, os países em desenvolvimento acabam engolindo regulamentações sofisticadas para as quais não estão preparados.

A natureza sintética desta obra não permite exame minucioso de setores específicos. No entanto, a título de ilustração, pode-se dar um exemplo retirado de análise feita em publicação brasileira acerca dos problemas em serviços financeiros e bancários, como amostra que se poderia repetir em outros tipos de serviço.[9] O analista argumenta que há um falso sentimento de segurança, nascido da crença de que o Brasil já avançou muito na liberalização financeira. Não existiria, assim, consciência entre nós das implicações das exigências americanas e canadenses em relação ao comércio transfronteiriço em finanças. Em tal caso, autorizar-se-ia a prestação de serviços financeiros sem a necessidade de presença física no país. Isso teria sérias conseqüências para a conta de capitais num momento de particular fragilidade da balança de pagamentos, assim como nos serviços de maior valor agregado, no *private banking*, por exemplo. Outras exigências são o fim de requerimentos considerados discriminatórios para a operação do capital estrangeiro; e o maior compromisso para todos os serviços financeiros, abarcando seguros, bancos, corretoras, administração de carteiras e fundos de pensão.

Questão adicional atinente à arquitetura do capítulo de serviços, igualmente deixada sem decisão, tem a ver com o tratamento a ser adotado em relação ao investimento estrangeiro. O compromisso de autorizar investimento externo pode, em tese, ocorrer na forma de licença para a "presença comercial", o chamado "modo 3" de prestação de serviços do Gats. Em

---

[9] *Prospectiva – Consultoria Brasileira de Assuntos Internacionais,* n. 19, 30/1/2003.

certos setores de serviços, como auditoria e consultoria, nada impede prestar um serviço à distância, por meio da Internet, conforme fazem os indianos para muitas empresas européias ou americanas. Por outro lado, há serviços que requerem a proximidade física, como o de restaurantes, por exemplo. Liberalizá-los significa, portanto, ter de permitir a "presença comercial" da firma estrangeira, conceito equivalente ao do investimento direto. Como o ponto não foi resolvido, tampouco se sabe qual será a relação desse aspecto dos serviços com o capítulo dos investimentos.

INVESTIMENTOS

Durante boa parte dos anos 1990, as nações desenvolvidas buscaram negociar no seio de sua organização, a OCDE, um acordo abrangente sobre investimentos, que seria posteriormente aberto à adesão dos subdesenvolvidos, os quais não teriam, todavia, o direito de negociar seus dispositivos. Chamado Acordo Multilateral de Investimentos, ou AMI (em inglês, Multilateral Agreement on Investment, MAI), o anteprojeto não visava tanto a proteger o investidor contra expropriações, objetivo hoje largamente aceito por quase todos os países em acordos bilaterais ou regionais. A verdadeira meta da iniciativa tinha a ver com teoria desenvolvida por economistas das nações industrializadas: a chamada "contestabilidade dos mercados". Quer dizer: a fim de assegurar plenamente a livre concorrência em todos os mercados, não basta abolir as barreiras às importações. É indispensável autorizar também os investimentos de fora, já que freqüentemente a presença no local como produtor oferece uma vantagem insuperável.

Em teoria, assim, qualquer investidor deveria poder investir em qualquer setor que escolhesse em determinado mercado. Para isso, seria preciso que os governos fossem impedidos de criar obstáculos a certos investimentos, de querer orientá-los para algumas regiões ou setores específicos ou de impor-lhes requisitos de desempenho, como o de exportar a totalidade ou parte da produção. Na prática, essa liberdade absoluta não se encontra nem nos EUA, onde, por razões de segurança nacional ou de outra natureza, alguns setores são restritos a nacionais.

Os principais propugnadores da proposta na OCDE foram os americanos, que desejavam ou um acordo de *high standards* ("padrões exigentes"), ou acordo nenhum. A idéia chocou-se logo com a oposição de países ocidentais como a França e o Canadá, desejosos de proteger a identidade cultural em áreas como edição, imprensa, serviços audiovisuais (TV, cinema, discos). Pouco a pouco, uma poderosa coligação de organizações não-governamentais se organizou em torno de campanha impressionante contra o acordo, no que talvez tenha constituído o primeiro grande movimento de mobilização contra um componente essencial da globalização. A OCDE foi obrigada a suspender as negociações, e a idéia voltou a ser defendida na OMC pelos europeus, em termos aparentemente mais moderados. Até o momento, o tema continua sob exame, e a Reunião Ministerial de Cancún, em setembro de 2003, deve em princípio decidir se haverá negociações nessa matéria.

Washington, que jamais acreditou na possibilidade de conseguir um acordo de *high standards* em foro heterogêneo como a OMC, preferiu retomar a proposta, dentro do nível de ambição original, no processo da Alca. Dentre os pontos mais difíceis suscitados pela iniciativa, destacam-se os seguintes:

• Qual seria a definição dos investimentos cobertos pelo capítulo? Apenas os investimentos diretos estrangeiros (IDE), como é habitual? Ou também as aplicações financeiras de curto ou longo prazo, inclusive de natureza especulativa, as aplicações em Bolsas de Valores ou de Mercadorias, em *portfolio*, em títulos? Essa é questão relevante, pois a aceitação do conceito lato obrigaria os governos a garantir a mais ampla liberdade possível de movimentação de capital, tornando mais limitada a capacidade de evitar ou minorar as crises financeiras que têm devastado as economias subdesenvolvidas.

• Deveria o acordo garantir o acesso de estrangeiros a investimentos nos mais diversos setores (normas de preestabelecimento)? Ou seria preferível um acordo clássico e restrito à justa proteção dos investimentos existentes, sendo o acesso regulamentado pelas leis nacionais?

• Qual seria a relação desse capítulo com a "presença comercial" em serviços?

• Deve-se aceitar o mecanismo proposto pelos EUA, com vistas a possibilitar a investidores privados processarem judicialmente um governo, não nos tribunais locais, mas em cortes de arbitragem especiais? A minuta do texto atual reproduz parte considerável do capítulo 11 do Nafta, que trata desse mecanismo, ampliando o direito de compensação em caso de expropriação, não só na expropriação direta propriamente dita, mas também na chamada expropriação indireta – isto é, em medidas supostamente equivalentes, na prática, à expropriação. Isso permitiria ao investidor estrangeiro processar o governo por qualquer ação ou medida que diminua o valor do seu investimento.

Um exemplo da aplicação dessa interpretação lata foi o caso da empresa americana Metalclad, que processou o governo mexicano devido à decisão de autoridades municipais do estado de San Luis Potosí no sentido de negar a licença de construção de um depósito de resíduos tóxicos, autorizado pela administração federal do México. O processo na corte arbitral do Nafta resultou na condenação do governo mexicano a pagar US$ 17 milhões de indenização. Existem mais de uma dúzia de exemplos semelhantes, originando reação extremamente desfavorável de entidades ambientais. Censuram estas no dispositivo sobre solução de conflitos, e no espírito do capítulo de investimentos em geral, o reflexo da orientação do governo dos EUA, percebido como defensor das tendências de um capitalismo selvagem, para o qual a busca irresponsável de lucros a qualquer preço seria mais importante que considerações sociais ou ambientais, levando à multiplicação de escândalos e falências fraudulentas como a da Enron e outras.[10]

COMPRAS GOVERNAMENTAIS

Durante a Rodada Tóquio, encerrada em 1979, ainda não vigorava o princípio do *single undertaking*, expli-

---

[10] Durante e após o estouro da bolha especulativa sobre ações de companhias de alta tecnologia na Bolsa de Nova York e em Bolsas européias, em 2002, vieram à tona escândalos financeiros e falências espetaculares, às vezes de caráter fraudulento, envolvendo gigantescas empresas transnacionais, sobretudo nos setores de telecomunicações, Internet e energia. Em alguns casos, houve envolvimento de bancos de investimentos e corretores de Bolsas, acusados de terem induzido clientes a adquirir ações de valor duvidoso. Dentre as firmas protagonistas desses episódios, as mais conhecidas são a Enron, a WorldCom, a Tyco, a Dynergy, a Adelphia e a Andersen.

cado anteriormente. Então, permitia-se nas negociações o que se denominava *menu approach*, ou "abordagem do menu", segundo a qual cada negociador escolhia aderir ou não a certos acordos. Na época, o Brasil escolheu não aceitar vários dos acordos, dentre eles o Agreement on Government Procurement, ou Acordo Sobre Compras Governamentais. Ficamos em companhia, se não boa, ao menos numerosa, pois hoje, transcorridos mais de 20 anos, só pouco mais de uma vintena dos quase 150 membros da OMC aceitaram essas regras, que, de novo, limitaram a liberdade de ação do Estado. Após a Reunião de Cancún, os europeus desejam introduzir negociações na OMC sobre o tópico, proposta recebida com desconfiança por países em desenvolvimento.

Aqui também os EUA propuseram na Alca o que não lograram alcançar na OMC: regras estritas, que não permitam mais aos governos oferecer preferências às firmas nacionais. Aceitar essas regras implicaria abrir mão de práticas habituais em quase todos os países, inclusive nos EUA, onde existe a política expressa na lei Buy American ("Compre o Produto Americano").

Outro problema que terá de ser discutido tanto no âmbito deste capítulo quanto no dos investimentos será a extensão das obrigações a definir para as instâncias subfederais: estados, municípios, estatais etc.

SUBSÍDIOS, ANTIDUMPING *E DIREITOS COMPENSATÓRIOS*

Objetivos oficiais: "identificar opções para o aprofundamento, se for o caso, das disciplinas relativas aos subsídios [...]; intensificar esforços a fim de melhorar, quando possível, as regras e os procedimentos relativos à(s) [...] leis *antidumping* e de direitos compensatórios, com vistas a não criar obstáculos injustificados ao livre-comércio no hemisfério e a apresentar recomendações sobre a metodologia [...], para ser avaliada pelo CNC" (instruções emanadas da Reunião Ministerial de Buenos Aires, abril de 2001).

As instruções explicitam o que terá ficado óbvio aos olhos de negociadores experimentados. O uso redundante de expressões acautelatórias como "se for o caso", "quando possível", "obstáculos injustificados", tudo isso apenas para culminar na sugestão de "metodologias" a serem meramente "avaliadas" pelo CNC, indica, para o bom entendedor, que o exercício não é para valer, porque os americanos não desejam mudanças nesse domínio sensível para o Congresso e os *lobbies*, nem na Alca nem na OMC, embora proclamem rotineiramente que só no âmbito multilateral seria possível discutir a matéria com seriedade.

Num dos melhores estudos sobre o assunto, "Alca e OMC: Negociações Simultâneas, Agendas Convergentes, Dinâmicas Divergentes",[11] Pedro da Motta Veiga observa que, tratando-se de tema que é objeto de acordo abrangente na OMC, sendo muito pouco desenvolvido em acordos bilaterais ou regionais, as negociações substantivas praticamente nem foram iniciadas na Alca.

Confirmando esse juízo, verifica-se que, no que tange aos subsídios, a discussão é incipiente devido às divergências na interpretação do mandato acima. Veiga comenta não existir nenhum consenso no grupo negociador sobre o plano de trabalho proposto, em es-

---

[11] Versão preliminar, Latin American Trade Network, December 2002: www.latn.org

pecial quanto aos itens que permitiriam abrir a porta para eventuais medidas *OMC-plus*, no âmbito da Alca.

Não deve haver surpresa com essa constatação, uma vez que, em matéria de subsídios, a atitude dos desenvolvidos resume-se a dois princípios básicos: 1. exigir dos subdesenvolvidos o estrito cumprimento das proibições de recorrer a subvenções de exportações industriais; 2. com total incoerência, defender os maciços subsídios que utilizam os ricos em favor de seus agricultores. Esse é, aliás, um dos mais iníquos desequilíbrios que comprometem o atual sistema mundial de comércio.

Em conseqüência, o quadro negociador sobre subsídios na Alca é caracterizado pela permanente referência ou às regras já existentes na OMC – muitas das quais fortemente desequilibradas contra os subdesenvolvidos –, ou às novas propostas em exame naquela organização.

Nas questões relativas à chamada "defesa comercial", o rascunho do capítulo da Alca limita-se às medidas *antidumping* e anti-subsídios, isto é, às medidas compensatórias. O capítulo busca, assim, incorporar à Alca os conceitos e definições da OMC. Portanto, é interessante notar que, num domínio no qual haveria interesse em avançar mais que na OMC por parte de países como o Brasil, vítimas freqüentes das ações *antidumping* ou anti-subsídios dos EUA, o limite que não se pode transpor é o estabelecido nos acordos de Genebra.

PROPRIEDADE INTELECTUAL

Trata-se de tema de relação apenas indireta com o comércio, que jamais deveria figurar num acordo comercial multilateral, menos ainda num regional. Lamentavelmente, a força nos EUA do *lobby* da indústria farmacêutica e de algumas outras indústrias de alta tecnologia levou o governo daquele país a fazer da propriedade intelectual um cavalo de batalha no Gatt-OMC. O Congresso aprovou, por seu lado, a lei Special 301, que tem servido de instrumento eficaz de pressão e retaliação contra países estrangeiros nesse domínio. Em conseqüência, os americanos conseguiram, graças ao *single undertaking*, incluir no pacote final da Rodada Uruguai o acordo sobre Trade Related Aspects of Intellectual Property Rights (Trips, ou Aspectos dos Direitos da Propriedade Intelectual Relacionados ao Comércio).

Mediante esse acordo, reforçou-se significativamente a proteção às patentes (propriedade industrial), eliminando as exceções outrora existentes. Esse reforço estendeu-se também ao *copyright*, ou direito de autor (em literatura, música, artes, *software* etc.). O resultado líquido foi que se criaram limitações adicionais em matéria de acesso à tecnologia e ao conhecimento para os países em desenvolvimento. Estes já não poderão mais contar com a flexibilidade que permitiu, até o início dos anos 1970, que países como o Japão, a Coréia do Sul e outros se beneficiassem de substancial transferência de tecnologia graças a normas menos rígidas.

A inclusão da propriedade intelectual no Gatt-OMC, quando já existe organização especializada com jurisdição na matéria, a Organização Mundial de Propriedade Intelectual, Ompi (em inglês, Wipo), foi e é severamente criticada por economistas insuspeitos, expoentes da liberalização comercial, como o professor Jagdish Bhagwati, da Universidade de Columbia; J. Michael Finger, antes no Banco Mundial, hoje no *think tank* conservador American Enterprise Institute; e Martin Wolf, respeitado analista do *Financial Times*.

Se a incorporação do assunto à OMC (onde tem provocado inúmeros conflitos, como o recente sobre o combate à Aids na África) já era indefensável, sua aceitação na Alca revela a fragilidade dos latino-americanos na própria constituição da agenda negociadora.

É esse, de fato, um dos domínios nos quais os EUA não aceitam o argumento que invocam em agricultura e *antidumping*: o de que negociações de assuntos sistêmicos deveriam processar-se nos foros multilaterais. Ao contrário, desejam na Alca um acordo que vá em propriedade intelectual mais longe do que lograram na OMC.

Dentre os aspectos em que querem avançar mais do que no atual acordo Trips, incluem-se a possibilidade de patentear organismos vivos, com implicações negativas e dispendiosas para a agropecuária; e a limitação ao máximo do recurso à "licença compulsória", no caso de medicamentos. Direito reconhecido por todas as convenções sobre propriedade intelectual e pelo Acordo Trips, a licença compulsória é a possibilidade de romper a patente, quando existe abuso do titular, que se recusa a manufaturar o medicamento no país ou cobra por ele preço abusivo. O país-vítima pode também utilizar a "importação paralela", isto é, em caso de necessidade, importar de fabricante não-autorizado. Foi graças à possibilidade de recorrer a tais mecanismos que o Ministério da Saúde conseguiu no Brasil que os laboratórios reduzissem em até 70% o preço dos remédios do coquetel anti-Aids. Se estivesse em vigor o capítulo proposto pela Alca, o governo brasileiro não teria obtido tal vitória.

A minuta da Alca sobre propriedade intelectual agravaria ainda enormemente a possibilidade de garantir um suprimento seguro de remédios genéricos a baixo preço, tais e tantas são as restrições importadas da prática americana. Da mesma forma que vem ocorrendo ultimamente nos EUA, multiplica também as oportunidades para prolongar adicionalmente a duração das patentes, intensificando o monopólio.

David Vivas Eugui, encarregado de propriedade intelectual no International Centre for Trade and Sustainable Development (ICTSD, Centro Internacional Para o Comércio e o Desenvolvimento Sustentável), em Genebra, publicou no boletim do Centro um artigo cujo título é eloquente: "Intellectual Property in the FTAA: New Imbalances and Small Achievements" ("A Propriedade Intelectual na Alca: Novos Desequilíbrios e Pequenas Conquistas").[12] As "pequenas conquistas" ficam por conta de propostas dos países em desenvolvimento sobre as quais dificilmente haverá consenso, conhecida que é a oposição dos EUA a tais pontos. Entre essas propostas, a referência à Convenção Sobre Diversidade Biológica (que os americanos se recusaram assinar e não reconhecem) e a proteção ao conhecimento tradicional e folclore (que vêem como empecilho às grandes companhias) e à transferência de tecnologia.

Em compensação, afirma o autor que a "minuta do capítulo contém proposta de linguagem que, se adotada, representaria o acordo de propriedade intelectual mais ambicioso e amplo jamais escrito e um importante precedente potencial para todas as negociações multilaterais". Prossegue o especialista: "Mais preocupante ainda é que quatro tratados de propriedade intelectual que estão sendo ou podem vir a ser

---

[12] *Bridges*, ano 6, n. 8, November-December 2002.

negociados na Ompi poderiam ser incluídos no escopo da Alca. Isso suscita preocupações sérias sobre a possibilidade de dar um cheque em branco aos negociadores [...] durante eventuais futuras negociações na Ompi – [para assumir] obrigações [...] que os membros da Alca teriam se comprometido *a priori* a aplicar".

O mesmo analista chama a atenção para a expansão, direta ou indireta, dos períodos de proteção, ampliando, por exemplo, a proteção da *trademark* de sete a dez anos. Por falta de espaço, deixaremos de lado numerosos exemplos do mesmo tipo fornecidos pelo artigo. Dentre os novos direitos de propriedade intelectual não-cobertos pelo acordo Trips, a minuta propõe dispositivos relativos a nomes de domínio da Internet, medidas contra fraude tecnológica, sinais de satélite, regulamentos sobre biotecnologia etc.

O artigo de David Vivas é também extremamente valioso por chamar a atenção para o perigo atual e futuro de reforçar ainda mais os mecanismos de proteção, dessa vez nas negociações em curso ou preparação na Ompi.

Quem melhor demonstrou as ameaças de desequilíbrio resultantes da repetição de negociações como as de Trips foi o economista J. Michael Finger. Com efeito, ele revelou que, graças a Trips, os ganhos americanos em pagamentos de tecnologia foram 13 vezes maiores do que os auferidos pelos EUA na Rodada Uruguai com a redução de tarifas industriais.[13] A contrapartida é que um país como a Coréia do Sul terá de pagar em *royalties*, sobretudo aos EUA e à Suíça, 19 vezes mais do que ganhou em tarifas industriais. Esti-

[13] "The Doha Agenda and Development: a View from the Uruguay Round", publicado pelo Asian Development Bank em setembro de 2002.

ma-se que as transferências adicionais do Brasil chegam a US$ 560 milhões por ano. Em razão da impossibilidade de comparar e equilibrar coisas heterogêneas, Finger dá um conselho às nações subdesenvolvidas: não aceitem nunca trocar laranjas por maçãs, isto é, negociar temas comerciais de redução de tarifas e acesso a mercados em troca de direitos novos assumidos em propriedade intelectual. Ora, é isso exatamente o que aceitaram fazer na Alca os países da América Latina e do Caribe.

POLÍTICA DE CONCORRÊNCIA

Nessa matéria, mesmo na OMC, os EUA não têm pressionado em favor de normas multilaterais ambiciosas, alegando, no que têm razão, que a maioria dos países ou não possuem leis de concorrência, ou não dispõem de entidades administrativas capazes de aplicá-las, ou, em muitos casos, não contam nem com uma coisa, nem com a outra. No hemisfério ocidental, entre 34 países, uma vintena, mais ou menos, não é dotada de legislação especializada. Dos demais, poucos atingiram nível razoável na proteção da concorrência.

Em tais condições, Washington se interessa mais por regras que facilitem e promovam a colaboração entre autoridades e instituições de diversos países nessa matéria. A posição americana visaria também a restringir ao máximo a margem de ação das empresas estatais e dos monopólios governamentais. O Brasil, ao contrário, busca acordo mais exigente, que vá além do controle exclusivo dos agentes econômicos do Estado. Dada a discrepância de atitudes, é difícil imaginar que o capítulo final seja amplo e satisfatório.

A diferença entre os EUA e o Brasil em política de concorrência reflete de perto as divisões que sempre separaram, nesse domínio, as nações industrializadas das que estão em vias de desenvolvimento. As últimas apoiaram desde o início os esforços da United Nations Conference on Trade and Development (Unctad, Conferência das Nações Unidas Sobre o Comércio e Desenvolvimento), para negociar um conjunto de normas para coibir as denominadas *business restrictive practices*, ou "práticas restritivas de negócios". A expressão abrange tanto os cartéis ilegais formados entre firmas de um mesmo ramo para fixar preços sem concorrência, dividir mercados entre si e combinar propostas em concorrências públicas, quanto as decisões igualmente sigilosas no interior de grandes transnacionais, pelas quais a matriz reparte entre as filiais os mercados a explorar, os mercados de importação ou exportação etc.

Para os desenvolvidos, esse tipo de prática deveria ser deixado à esfera das leis e agências nacionais, reservando aos acordos multilaterais as questões entre os governos, não as que envolvessem um governo e uma empresa. Quando se trata, porém, das queixas de uma empresa investidora contra um governo, os EUA desejam um mecanismo arbitral que permita à firma privada processar o governo estrangeiro diretamente, conforme vimos.

SOLUÇÃO DE CONTROVÉRSIAS

Da mesma forma que em política de concorrência, esse é grupo que desperta interesse relativamente menor. Pouco se avançou além das discussões preliminares e genéricas, talvez porque não faria muito sentido tentar construir um mecanismo abrangente de solução de controvérsias antes de definir o conteúdo dos temas substantivos, capazes de gerar litígios futuros a dirimir por esse mecanismo.

Alguns dos participantes, como os membros do Grupo Andino e, em boa medida, o Mercosul, gostariam que a Alca se dotasse de um sistema inspirado no da OMC, semijudicial, com possibilidade de apelação, por exemplo. De sua parte, os EUA, o México e, em grau mais moderado, o Canadá preferem o modelo do Nafta, um sistema quase limitado à arbitragem. A questão da escolha do modelo está ligada de perto a outro problema fundamental, que é o de decidir quais seriam os dispositivos passíveis de serem decididos pelos mecanismos de solução. Americanos e canadenses, por exemplo, entendem que só se deveria exigir legalmente o cumprimento das obrigações e disciplinas assumidas pelos governos e seus agentes. Já para o Brasil, é importante que haja equiparação, isto é, tratamento similar tanto às empresas e monopólios do Estado como às empresas privadas.

As dificuldades nesse capítulo incluem o problema mencionado no capítulo sobre investimentos: a insistência dos EUA num mecanismo que possibilite ao investidor privado processar diretamente um governo, independentemente ou além do recurso à Justiça nacional. A oposição brasileira a essa proposta se origina, entre outras razões, na linha adotada pelo Congresso Nacional, que se recusa a aprovar acordos de investimento com cláusulas arbitrais que prevejam recurso a outras instâncias que não as dos tribunais brasileiros. Infelizmente, muitos dos outros países, inclusive do Mercosul, incluíram em seus acordos de investimentos cláusulas desse tipo. Tal situação nos obrigaria provavelmente, caso o pior sucedesse, a ter de formular reserva absoluta contra a inovação, uma vez que, em matérias vitais como essa, melhor é estar só do que mal acompanhado.

4. O DEBATE SOBRE A ALCA

Nos países das Américas, a discussão em torno da Alca tornou-se a principal linha de fratura e clivagem das opções ideológicas. Nenhum outro tema é capaz de lançar uma ponte entre o combate contra o mundo unipolar, no plano político-estratégico, e a luta contra a globalização e o "pensamento único", no domínio econômico-social. A Alca como que cristaliza todos os pesadelos.

Para uns, mais afinados com uma leitura político-ideológica do mundo, ela não passa de uma das peças utilizadas pelo "Império" americano para estabelecer a "nova ordem internacional" amparada no monopólio do poder. Consagração da tese do hemisfério ocidental como esfera de influência exclusiva de Washington, ela significaria a pá de cal definitiva nos sonhos de unidade latino-americana, de integração da América do Sul ou do Mercosul, da veleidade de uma política independente nos foros internacionais. A área de livre-comércio implicaria, em termos práticos, a anexação virtual de países que deixariam no vestíbulo de entrada suas aspirações à soberania. Uma espécie de "porto-ricanização" de todo o continente.

Os antiglobalização, mais sensíveis a uma abordagem econômica dos problemas mundiais, encontram na Alca um campo de batalha adicional, tal como o da oposição à OMC em Seattle, ao FMI-Banco Mundial nas reuniões de Washington, ao G-7 na Cúpula de Gênova. A proposta americana sintetizaria quase tudo o que existe de mais ameaçador na agenda da globalização: o esmagamento dos fracos pela concorrência exacerbada, a transferência de indústrias para países de baixos salários, a retomada em âmbito regional do detestado acordo de investimento, o esforço sistemático para enfraquecer o Estado e "tornar o mundo seguro para as transnacionais". Do mesmo modo que ocorre no movimento antiglobalização, a amplitude da coalizão esconde tensões e contradições, pois a aliança abarca tanto os que repelem como os que advogam a inclusão de condicionantes trabalhistas ou ambientais em acordos comerciais. Em matéria ideológica, a Alca é a trincheira onde se afrontam partidários e adversários do que se denomina, com maior ou menor precisão, de "neoliberalismo".

É perfeitamente legítimo e válido discutir a Alca nesse plano geral, dentro do grande debate ideológico contemporâneo. Boa parte dos textos e discussões públicas no Brasil se filia a uma ou outra variante desse tipo de abordagem. Sem minimizar seu interesse político ou intelectual, pode-se trilhar uma via mais prosaica, a de tentar examinar a iniciativa como proposta comercial em seus próprios méritos. De forma empírica, caberia reunir o máximo de informações relevantes sobre o processo negociador, sua estrutura e organização, o conteúdo das deliberações nos grupos negociadores. Isso não significa furtar-se a formular juízos de valor sobre as motivações ou implicações das diversas propostas – mas sempre a partir dos casos concretos, dos próprios textos. Dessa maneira, afasta-se o risco de posição apriorística, a favor ou contra a Alca, no sentido estrito da expressão *a priori*, isto é, "antes da experiência", o julgamento que precede, no caso presente, a negociação efetiva.

A ALCA COMO ACORDO COMERCIAL

A primeira crítica que se pode fazer à Alca de um ponto de vista estritamente comercial é sua extrema heterogeneidade e desequilíbrio, já que pretende reunir num mercado unificado todas as 34 nações do continente, com exclusão de Cuba, indo da maior potência econômica do mundo, os EUA, a um dos países mais pobres da Terra, o Haiti. Dessa perspectiva, mais de um século após o fracasso da tentativa da união aduaneira, as disparidades e desigualdades se acentuaram, em lugar de diminuir. Pode-se, assim, repetir o que dizia em 1890 o Comitê Sobre a União Aduaneira: "as repúblicas americanas diferem tanto em território, população e riqueza nacional que [...] os Estados pequenos não estariam em condições de proteger adequadamente seus interesses".[14] Tem sido esse um dos mais sérios obstáculos ao avanço das negociações, na medida em que as "pequenas economias" exigem um tratamento especial e diferenciado que não se logrou ainda definir.

---

[14] Os anais da I Conferência Internacional Americana (1889-90) foram publicados pela Organização dos Estados Americanos (OEA), em Washington.

A EXPERIÊNCIA HISTÓRICA BRASILEIRA

Uma das razões que explicam a suscetibilidade brasileira nessa matéria é a experiência negativa que dominou todo o nosso período pré e pós-Independência: a da imposição pela Inglaterra do Tratado de Comércio e Navegação e do Tratado de Amizade e Aliança, de 1810, denominados justamente de "tratados desiguais". A corte de d. João VI, totalmente dependente dos subsídios e da proteção inglesa contra Napoleão, não foi capaz de evitar que o Tratado de Comércio tivesse sido, como escreveu o duque de Palmela, "na forma e na substância o mais lesivo e o mais desigual que jamais se contraiu entre duas nações independentes". Durante algum tempo, por exemplo, o tratado permitiu que as mercadorias inglesas entrassem no Brasil com tarifa de 15%, ao passo que as de Portugal, ainda a Metrópole nominal, deviam pagar 16%! Embora a base teórica fosse a reciprocidade, ficava proibida a exportação para a Grã-Bretanha de açúcar, café e outros produtos que eram similares aos das colônias britânicas, mas que constituíam as principais exportações brasileiras.

Como preço de sua mediação no reconhecimento da Independência, Londres exigiu a prorrogação desses privilégios até sua expiração definitiva, em novembro de 1844. Os tratados com a Inglaterra e com outras potências impediram o desenvolvimento de indústrias nacionais e impuseram um teto às tarifas de importação, limitando a mais importante fonte de receita fiscal da época. Quando os estadistas do Império conseguiram finalmente desvencilhar-se dessa herança colonial, erigiram, como princípio permanente, a recusa de celebrar acordos de comércio com países mais poderosos. Nunca mais a Monarquia se afastou dessa resolução. Foi apenas após a proclamação da República que o país assinou acordos do tipo, sendo o primeiro, por coincidência, com os EUA, em 1891.

Em meados da década de 1930, a negociação de novo acordo comercial com Washington foi também motivo de controvérsia, que opôs, de um lado, os propugnadores da proteção à indústria nacional, como Roberto Simonsen e Euvaldo Lodi, e, do outro, os favoráveis ao estreitamento das relações com os americanos, como Oswaldo Aranha. Talvez devido a esses antecedentes, a opinião pública foi sempre no Brasil mais sensível que nos vizinhos a compromissos marcados por desigualdade extrema. Não é exagerado argumentar que existe certa linha de continuidade histórica a partir da crítica aos "tratados desiguais", que conduz à polêmica sobre o comércio e a suspensão do pagamento da dívida, nos anos 1930, passando pelo empenho em implantar a siderurgia em Volta Redonda. Culmina essa tendência, na década de 1950, com o nacionalismo do segundo governo Vargas, as denúncias sobre remessa de lucros, a campanha pela Petrobras, a ruptura com o FMI, sob Kubitschek, e o desenvolvimento planificado do Programa de Metas, sob a liderança do Estado.

É interessante notar que, mesmo na era vitoriana, de hegemonia britânica e preponderância da ideologia econômica liberal, os teóricos liberais brasileiros usualmente temperavam e moderavam as receitas ortodoxas da escola quando se tratava de aplicá-las a problemas concretos da economia nacional. É o que se vê não só na anomalia da tolerância à escravidão, como também nas opiniões do Conselho de Estado, tal como estudadas por José Murilo de Carvalho em *Teatro de Sombras*.[15] Tudo isso faz parte da bagagem política e cultural brasileira, ao mesmo título que a ação promotora do Estado na economia, o "colbertismo" e a prática da proteção da indústria e da agricultura são indissociáveis do perfil cultural da França. No caso do Brasil, é contra esse pano de fundo que se desenrola a polêmica acerca de acordos comerciais entre parceiros desiguais.

A DESIGUALDADE TROCADA EM MIÚDOS

Nesta altura, convém indagar de que modo concreto se manifesta na Alca a enorme diferença de nível de desenvolvimento entre as economias dos EUA e do Canadá, num extremo do espectro, e as 32 outras que se sucedem em ordem descendente, ao longo dessa rampa, até tocar no fundo o Haiti, o mais débil e vulnerável.

Não há exposição mais concisa e convincente da questão do que a formulada pela brasileira Vivianne Ventura-Dias, diretora da Divisão de Comércio Internacional da Cepal, num artigo no jornal *Valor Econômico*: "A Pressa e a Perfeição na Criação da Alca" (12/2/2001). Em situação de desigualdade de tarifas e estruturas de regulamentação da economia, diz ela, "os custos recaem desproporcionalmente sobre os países com tarifa elevada e marcos reguladores e institucionais deficientes, quando negociam com países que apresentam tarifas baixas e um marco regulador abrangente e eficaz".

---

[15] *A Construção da Ordem/Teatro de Sombras*. Rio de Janeiro: Relume-Dumará, 1996.

Está tudo dito aí, e, em rigor, não há muito o que acrescentar a essa síntese. Trocando em miúdos, pode-se dar o exemplo do que sucede em tarifas. Os EUA e o Canadá ostentam altos índices de competitividade, não mais necessitando, como no passado, de tarifas elevadas para proteger suas economias. Seu protecionismo é seletivo, concentrado em alguns produtos, recorrendo com freqüência a todo um arsenal de medidas de proteção, além das tarifas propriamente ditas: salvaguardas, *antidumping*, direitos compensatórios contra subsídios, as cotas do Arranjo de Multifibras para têxteis, medidas sanitárias e fitossanitárias, barreiras técnicas etc. Salvo raras e desonrosas exceções – produtos sensíveis, têxteis, calçados, importações agrícolas –, sua tarifa média é baixa. No caso dos EUA, por exemplo, a média tarifária calculada apenas sobre os itens sujeitos a tributos anda perto de 4%, ao passo que a média para todos os artigos, isentos ou não, é de cerca de 2%. Estamos falando de *médias* estatísticas, e, como se sabe, o estatístico é o sujeito que morre afogado em rio cuja profundidade média é de 30 centímetros. Isto é, a média baixa não impede que haja picos, às vezes de mais de 100%. O pior é quando esse picos afetam exportações brasileiras, o que lamentavelmente é o caso. Continuando a análise, veremos que a média, não da tarifa consolidada, mas da efetivamente cobrada, é ainda menor. Em 2001, as importações americanas atingiram um total de US$ 1,132 trilhão, sobre as quais foram arrecadadas tarifas de US$ 18,6 bilhões, o que produz média de 1,6%.

Ventura-Dias repetiu esse cálculo para a média da tarifa efetivamente cobrada em 1999 para as importações provenientes da América Latina e do Caribe, concluindo que ela foi de 1,1% apenas, subindo para 2,4% no caso do Mercosul. Muitas dessas importações se beneficiam do Sistema Generalizado de Preferências (SGP) ou são itens de tarifa zero.

Ora, a média tarifária dos latino-americanos é apreciavelmente mais elevada, apesar de vir diminuindo nos últimos anos, em especial a cobrada na prática. Assim, a Tarifa Externa Comum do Mercosul equivale à média de 12,5%, ao passo que a efetivamente aplicada pelo Brasil, descontadas as isenções e reduções, é de aproximadamente 7%.[16] A distância entre a tarifa média cobrada pelo Brasil e a cobrada pelos EUA estreitou-se bastante, mas ainda é considerável. É por isso que, se as negociações se concentrarem excessivamente nas tarifas, a tendência será que a proposta da Alca contribua muito mais para abrir o mercado do Brasil e dos demais latino-americanos às exportações americanas do que para melhorar de modo substancial o acesso brasileiro e dos outros ao mercado dos EUA e Canadá.

Para evitar esse desfecho indesejado, será necessário cumprir duas condições difíceis, se não improváveis, a saber: 1. que haja reduções proporcionalmente mais altas, e não meramente lineares, nas tarifas das exceções, dos picos (suco de laranja, têxteis, açúcar, etanol), a maioria dos quais protegidos pela blindagem das consultas criadas pela TPA (como vimos, nome oficial do *fast track* de 2002); 2. que os EUA aceitem negociar na Alca – o que até agora relutam em fazer – disciplinas mais justas para coibir o abuso do *anti-dumping*, dos direitos compensatórios, das salvaguardas, das barreiras não-tarifárias.

---

[16] Segundo Sandra P. Rios, coordenadora da CNI, no artigo "A Estratégia Brasileira Frente às Negociações da Alca". Esse artigo é um resumo detalhado preparado pela autora para o seminário *O Brasil e a Alca*, realizado em conjunto pela Câmara dos Deputados e pelo Instituto de Pesquisas de Relações Internacionais (Ipri).

Nas normas regulatórias, o desequilíbrio é igual ou pior. Nessas áreas, economias superdesenvolvidas como as dos EUA e do Canadá possuem superioridade tanto na capacidade de regular quanto na competitividade em explorar suas vantagens em serviços e tecnologia. O resultado é a imposição de padrões em investimentos, tecnologia e serviços, sobretudo financeiros, tendentes a favorecer apenas as economias avançadas. Dada a fragilidade de nossas agências reguladoras – basta lembrar os desastres bancários devidos às deficiências de regulação ou de supervisão –, não custa esforço imaginar os perigos dessa situação. Infelizmente, é forçoso constatar que, tal como em tarifas, também em relação aos marcos reguladores e institucionais a negociação da Alca é caracterizada por assimetria notável. No que tange à questão, o ideal teria sido seguir o conselho de Ventura-Dias: "Em grupos menores e mais homogêneos, será possível avaliar com maior precisão os custos e benefícios da negociação para mudanças de normas e disciplinas internas".

GANHAR OU NÃO PERDER?

Em negociações como as da Alca, trata-se não apenas de ganhar acesso aos mercados dos outros parceiros, mas também de evitar perder ou ver reduzido esse acesso. Toda vez que se celebra um acordo preferencial, os que ficam de fora podem, em princípio, sair perdendo. É por isso que a não-discriminação e a cláusula NMF encarnam a própria essência do sistema mundial de comércio.

O problema se coloca com especial agudeza em relação às negociações multilaterais ou regionais com os EUA. Convencidos de que seu país é dos mais abertos do mundo e de que suas concessões não encontraram até hoje contrapartida, os americanos vêm dizendo que cabe agora aos outros, não a eles, darem uma contribuição, a fim de simplesmente assegurar a continuação do acesso existente ao extraordinário mercado ianque. Essa atitude se fez já sentir no Gatt-OMC, acompanhada das acusações aos que haviam tomado "carona" nas liberalizações das várias rodadas, sem pagar. Uma das motivações da tendência em favor de acordos bilaterais ou regionais vem daí: eles possibilitam melhor arrancar essa concessões, pois, quando se reduz o número de parceiros, é mais difícil pegar "carona".

No caso da Alca, o país que escolhesse ficar de fora teria de computar suas possíveis perdas em todos os mercados que decidissem integrar a área preferencial. Digamos, para exemplificar, que fosse essa a decisão do Brasil e que, no pior cenário imaginável, todos os outros, inclusive os do Mercosul, optassem por aderir. Em tal situação, os produtos brasileiros passariam a enfrentar, nos mercados dos EUA e do Canadá, a concorrência de mercadorias similares dos países aderentes, eventualmente favorecidas pelas reduções e vantagens que não se estenderiam às exportações brasileiras. Ao mesmo tempo, nos mercados latino-americanos e caribenhos, as vantagens de que o Brasil possivelmente desfruta, graças ao Mercosul ou à Aladi (Associação Latino-Americana de Integração), poderiam desaparecer ou tornar-se inferiores aos benefícios que os aderentes à Alca concederiam às exportações americanas e canadenses. Em tese, essa é a situação. Na prática, a concretização da perda dependerá de outros fatores. O principal é saber se os demais são efetivamente concorrentes do país excluído nos mesmos produtos ou similares e se a preferência a ser criada pela

Alca bastará para eliminar eventuais vantagens comparativas do país que ficar marginalizado. Outro fator, mais árduo de estimar, é o possível impacto do acordo em favor de investimentos capazes de criar, no futuro, uma possibilidade de concorrência ainda inexistente no presente.

Quando se começou a falar da Alca, no início dos anos 1990, houve alguns estudos preliminares que tentaram calcular as eventuais conseqüências se o Brasil não integrasse a área. A conclusão foi que, no mercado dos EUA, o país que teria mais condições de deslocar exportações brasileiras seria o México, em razão da semelhança de estrutura produtiva e pauta exportadora. Esse risco diminuía muito em relação aos outros. Se assim era, as perdas maiores provavelmente já ocorreram devido à entrada em vigor do Nafta. Em produtos como o suco de laranja ou o açúcar, o tratamento preferencial ao México e aos caribenhos (e a Israel) cria certamente problemas para os exportadores brasileiros. Estes, no setor do suco de laranja, responderam por meio de investimentos diretos na Flórida, o que não deixa de causar conseqüências negativas para o Brasil, em termos tanto de exportações quanto de empregos.

Em relação aos mercados latino-americanos, o Brasil goza de margem de preferência, isto é, de tarifas mais baixas para certos produtos beneficiados pelos acordos da Aladi. Essas vantagens poderiam ser reduzidas ou mesmo desaparecer se a Alca viesse a ser constituída sem o nosso país. Mesmo, porém, na hipótese de participarmos da Alca, haveria o risco de perdermos a margem de preferência, caso não houvesse o cuidado de negociar um período durante o qual continuaríamos a desfrutar dela. É isso, aliás, o que estão se propondo a fazer os americanos mediante a apresentação de quatro listas diferentes, pelas quais tencionam prolongar por etapas longas os esquemas preferenciais já existentes com o México e os caribenhos, aos quais se poderiam acrescentar centro-americanos e andinos. Um estudo da Aladi[17] sugere que talvez o prejuízo potencialmente mais grave para o Brasil se dê no setor automobilístico, em que nossas exportações aos vizinhos são protegidas por barreiras de mais de 30% contra terceiros.

A fim de avançar mais do que essas considerações genéricas, seria necessário empreender levantamento sistemático de todas as exportações principais nos diversos mercados e das situações diferentes com que se defrontariam, à luz das ofertas que ainda se encontram em processo de exame, avaliação e melhoria. Será necessário verificar, caso por caso, se o produto ou o serviço em questão foi incluído nas categorias de desgravação mais rápidas e quais os prazos e as condições a que estará submetido.

A POSIÇÃO DO GOVERNO E DO SETOR PRIVADO

A melhor formulação dos objetivos oficiais do governo brasileiro na Alca está contida no seguinte trecho do discurso do presidente Fernando Henrique Cardoso na abertura da Cúpula de Quebec: "A Alca será bem-vinda se sua criação for um passo para dar acesso aos mercados mais dinâmicos; se efetivamente for o

[17] "Impacto del Alca en el Comercio Intrarregional y en el Comercio de Cada Uno de los Países Miembros de la Aladi con Estados Unidos y Canadá", diciembre de 2001, site: www.Aladi.org

caminho para regras compartilhadas sobre *antidumping*; se reduzir as barreiras não-tarifárias; se evitar a distorção protecionista das boas regras sanitárias; se, ao proteger a propriedade intelectual, promover, ao mesmo tempo, a capacidade tecnológica de nossos povos; e, ademais, se for além da Rodada Uruguai e corrigir as assimetrias então cristalizadas, sobretudo na área agrícola. Não sendo assim, seria *irrelevante* ou, na pior das hipóteses, *indesejável*" (21 de abril de 2001).[18] Trata-se de discurso claramente centrado na busca do acesso a mercado e da correção de desequilíbrios.

A posição do setor privado não difere muito, embora explicite alguns aspectos adicionais. Uma clara exposição dos objetivos da Coalizão Empresarial Brasileira, o mecanismo coordenador da participação dos empresários na negociação, sob a égide da Confederação Nacional da Indústria (CNI), é apresentada no citado artigo de Sandra P. Rios. Após reiterar as características gerais a serem incorporadas à Alca – conformidade com a OMC, coexistência com acordos vigentes no hemisfério, consideração para as assimetrias entre países e sensibilidades setoriais –, o artigo especifica quatro metas centrais:

• a obtenção de melhora substantiva em acesso a mercados do hemisfério para setores atualmente prejudicados por barreiras não-tarifárias e picos tarifários;

• a garantia de que a Alca impedirá a imposição de novas barreiras não-tarifárias aos produtos brasileiros;

• a eliminação das distorções provocadas por subsídios às exportações e medidas de apoio interno em agricultura;

---

[18] Apud Marcos Jank, "A Alca e a Agricultura nas Relações Brasil-Estados Unidos", publicado no livro *O Brasil e a Alca*, da Câmara dos Deputados (Brasília: Ipei/Funag, 2002).

• a garantia do nivelamento, no final do processo, das preferências recebidas pelo Brasil em relação a nossos principais concorrentes, que já usufruem de preferências comerciais nos países participantes da Alca (leia-se México, via Nafta, caribenhos da CBA etc.).

A mesma ênfase prioritária no acesso aos mercados, acompanhada da reiteração de idênticas metas, aparece no documento "A Indústria e o Brasil: uma Agenda Para o Crescimento", publicado no boletim *Comércio Exterior* da CNI.[19]

Por conseguinte, é a partir dessas posições oficiais do governo e do empresariado que as negociações devem ser avaliadas. Pode soar óbvio, mas não tanto quanto parece. Com efeito, na prática e nas discussões informais, embora raramente por escrito, admite-se que o discurso de acesso aos mercados e correção dos desequilíbrios é mais um ideal, talvez inatingível na realidade, do que o *bottom line* das negociações, isto é, a posição final, irredutível, o mínimo dos mínimos, sem o qual o Brasil terá de recusar o acordo. Em tais "momentos de verdade" do debate, vêm à baila outras considerações, que constituem uma espécie de agenda escondida da Alca.

A AGENDA NÃO-CONFESSADA

De maneira geral, os cultores dessa agenda inconfessada preferem considerar-se "realistas", gente que afirma, desde o início, ser a Alca inevitável, quaisquer que se-

[19] Ano 11, n. 12, setembro de 2002.

jam os desequilíbrios oriundos da negociação e independentemente de lograr-se ou não aumento significativo de acesso a mercados. Variante da tese da inelutabilidade da globalização, a postura "realista" é mais influente do que se pensa, chegando quase a dominar certos setores oficiais envolvidos no processo. Seu ponto de partida é a crença de que a hegemonia dos EUA no mundo, e, mais acentuadamente, no hemisfério, assegura que todos os demais parceiros se alinharão, chegado o momento, no bloco liderado pelos americanos. Este, por sua vez, corresponderia à tendência de blocos similares em outras regiões. Essa razão, de natureza geoestratégica, seria reforçada por uma dimensão econômico-comercial: país algum pode darse ao luxo de ficar de fora, pois estaria relegado ao limbo e sofreria discriminação tanto no mercado dos EUA quanto no dos demais participantes.

Existem também outros argumentos, raramente explicitados entre nós, que partilham uma comum característica, a de minimizar a importância da Alca do ponto de vista comercial e valorizar outras de suas implicações, reais ou supostas. Assim, para alguns, o que vale no acordo é servir ele como alavanca para promover investimentos diretos, conforme ocorrido no México, a fim de produzir para exportar aos EUA. Outros pensam que, de modo mais amplo, a Alca poderia vir a ser a moldura institucional capaz de *lock in*, isto é, de amarrar em definitivo, as reformas econômicas na América Latina no sentido geral recomendado pelo Consenso de Washington. A incorporação prática desses países ao território ampliado da economia americana asseguraria o acesso de todos aos mercados financeiros, garantindo-lhes o *investment grade*, a melhor classificação de risco de crédito, que os poria ao abrigo das crises e da volatilidade.

Não cabe na índole introdutória e sintética desta obra o exame desses argumentos, não-assumidos oficialmente por quase ninguém, além de serem extra ou metacomerciais, por extravasarem do âmbito do comércio dentro do qual deliberadamente nos situamos. É útil, contudo, que o leitor tenha presente sua existência, pois é possível que exerçam influência, até decisiva, na etapa culminante. Se isso acontecer, será de recear que o governo que os utilize sofra perda de credibilidade séria no esforço de convencimento da opinião pública, uma vez que eles pouco têm a ver com a linha do discurso oficial de acesso a mercados.

Não deixa de causar estranheza que os argumentos chamados "sistêmicos" ou "não-comerciais" permaneçam quase na clandestinidade. Compreende-se que os governos e os empresários prefiram fazer figurar na linha de frente os motivos comerciais, mais fáceis de entender e de apoiar. Os demais possuem, sem dúvida, índole mais polêmica, até ideológica. É mais complicado também apresentar razões empíricas, quantificáveis, para demonstrar, por exemplo, a inevitabilidade da divisão do mundo em blocos e esferas de influência. Mesmo os prejuízos reais para quem ficar à margem não são sempre inevitáveis ou evidentes. Mais aleatório ainda é estimar o efeito da Alca como alavanca de investimentos ou meio de facilitar o acesso ao mercado financeiro.

Apesar dessa dificuldade, é curioso como esses argumentos são provavelmente os únicos que explicam de modo racional a opção pró-Alca do Chile e outros países meridionais, como a Argentina e o Uruguai, para os quais não se vislumbram bem os benefícios de comércio proporcionados por um acordo com os EUA, país de produção agrícola concorrente da deles.

É uma pena que, devido ao caráter não-confessado dos motivos sistêmicos, não sejam eles objeto de debate cuidadoso, a fim de tentar avaliar o que contêm de verdade. O mesmo se pode dizer em relação à negociação do acordo de livre-comércio com a União Européia. Não é fácil entender por que alguns o vêem como alternativa, quando, na realidade, os problemas são idênticos ou maiores. Um bom exemplo é a agricultura, setor totalmente excluído da oferta européia mas coberto pela americana.

5. CONSIDERAÇÕES FINAIS

Em conseqüência do silêncio sobre a abordagem sistêmica, só existe hoje um critério válido para aquilatar o estado corrente das negociações: o proclamado no discurso oficial do governo e dos empresários. À luz desse critério, nada, até o momento, permite afirmar que os objetivos brasileiros tenham chances razoáveis de realizarem-se, ao menos no nível de ambição expresso no discurso presidencial de Quebec ou no resumo feito por Sandra Rios da atitude dos empresários. Como vimos ao longo do livro, na base de fatos, não de abstrações, os obstáculos ao atingimento desses objetivos continuam formidáveis. Resumindo: nos produtos de interesse prioritário brasileiro, persistem os problemas derivados da TPA em relação ao setor agrícola e o imobilismo em barreiras não-tarifárias no referente a exportações como aço, têxteis e artigos industriais sensíveis. A meta de remover as distorções de apoios internos, ou apoios às exportações, em agricultura ficou muito mais complicada com a nova lei agrícola americana. A aspiração de nivelamento das preferências já outorgadas a outros tornou-se bem mais distante com as ofertas diferenciadas dos EUA e com a decisão do governo americano de confirmar e renovar os esquemas preferenciais em favor de caribenhos e andinos, assim como de entabular negociações do mesmo gênero com os centro-americanos.

Aliás, isso mesmo é o que vêm dizendo tanto o governo quanto os empresários. Após a apresentação da oferta americana, o ministro das Relações Exteriores, Celso Amorim, declarou que assim ficava difícil "vender" a Alca ao público brasileiro. Em coerência com essa declaração, o Brasil pôs na mesa oferta conservadora e cautelosa, cobrindo até menos do que a dos EUA em termos de produtos e prazos. Por outro lado, como lembram Sandra P. Rios e Pedro da Motta Veiga, os empresários brasileiros têm manifestado preocupação com a diferença de velocidade no avanço entre os grupos, havendo progressos expressivos em alguns, ao passo que pouco se foi adiante em setores do nosso interesse, como agricultura, *antidumping*, subsídios e medidas compensatórias.

Conforme era previsível, a falta de definição sobre questões essenciais provocou a apresentação de ofertas difíceis de comparar e compatibilizar. O boletim *Comércio Exterior em Perspectiva*, da CNI,[20] resume em quatro aspectos principais as características dessas ofertas até fins de fevereiro:

• A diversidade em termos de número de propostas. Todos os países e blocos apresentaram ofertas em produtos industriais e agrícolas, quase todos o fi-

---

[20] Ano 12, n. 5, fevereiro de 2003.

zeram também em serviços, mas nem o Mercosul nem o Grupo Andino formularam ofertas em investimentos e compras governamentais.

• Os blocos não foram capazes de unidade, havendo países, dentro de cada bloco, que apresentaram ofertas em setores nos quais seus parceiros de grupo deixaram de fazê-lo. Ou, em certos casos, membros do mesmo grupo formularam ofertas em serviços com estrutura diferente.

• A oferta dos EUA de quatro listas para o acesso a mercados de bens acentuou a polarização entre a abordagem bilateral, escolhida pelos americanos, e o tratamento de nação mais favorecida, opção de todos os demais, que apresentaram listas únicas.

• As ofertas em serviços e investimentos expressam concepções divergentes, que terão de ser reconciliadas (por exemplo, listas positivas ou negativas em serviços). Como diz o boletim, o panorama resultante é confuso e pouco propício à convergência, sendo aconselhável aprofundar o esforço de consenso em torno de métodos e modalidades nos capítulos em que as opções estão em aberto ou em contradição. De acordo com o boletim, além dessa tarefa, as duas outras prioridades nos próximos meses serão a análise das ofertas iniciais dos demais, para identificar os interesses principais na elaboração de listas de solicitação de melhorias; e a preparação, em cada país, da lista de ofertas melhoradas que deverá fazer, em atendimento aos pedidos.

É difícil saber o que acrescentar nesta altura (fins de fevereiro de 2003). Resta pouco menos de dois anos para o término das negociações. É ainda possível que nesse período ocorram mudanças radicais e positivas, mas não devemos fiar-nos nisso. A fase decisiva e final, o ano de 2004, coincide com as eleições americanas para a reeleição (ou não) do presidente e a renovação do Congresso. Nenhum negociador comercial apostaria na conclusão positiva de negociações na Alca ou na OMC em ano eleitoral nos EUA (o fiasco de Seattle sucedeu em véspera da campanha presidencial americana).[21] Quase todos os interesses prioritários brasileiros – em aço, agricultura, produtos sensíveis, *antidumping* – possuem sérias implicações de política doméstica em estados como a Flórida, os agrícolas e os siderúrgicos, cruciais para a reeleição. Não foi por outra razão que se tomaram recentemente as decisões protecionistas que agravaram o panorama: as salvaguardas para o aço, a lei agrícola, o mecanismo restritivo da TPA. Por isso, o mais provável será que as negociações, se terminarem no prazo previsto, acabem mal, agravando o desequilíbrio. Ou então tenham de ser prorrogadas pelo menos por um ano, e isso valeria também para a OMC. Um cenário possivelmente mais propício para concluir as negociações seria o da reeleição de um presidente comprometido com a liberalização comercial e menos dependente de considerações domésticas. Caso se confirmem os prognósticos pessimistas, haverá ainda uma janela para terminar as negociações da OMC e da Alca em 2005 e 2006, pois a TPA, que expira em junho de 2005, contém cláusula de prorrogação quase automática até junho de 2007.

---

[21] No final de novembro e início de dezembro de 1999, realizou-se em Seattle a reunião ministerial da Organização Mundial de Comércio (OMC), que deveria tomar a decisão de lançar uma nova rodada de negociações comerciais. Nas ruas, as violentas contestações dos manifestantes antiglobalização tornaram a cidade americana palco de batalha entre a polícia e os ativistas. A reunião em si realizou-se a portas fechadas, mas fracassou totalmente na tentativa de acordo sobre o lançamento das negociações. Um dos motivos que mais contribuíram para o fiasco foi a hesitação do governo Clinton, em véspera do início da campanha para as eleições presidenciais e legislativas do ano 2000.

A curto prazo, portanto, parece remota a possibilidade de alcançar os objetivos definidos pelas autoridades e pelos empresários brasileiros em matéria de acesso a mercado. Há os que dizem não ser isso motivo suficiente para rejeitar o acordo, tendo em vista a atratividade do mercado americano, sobretudo porque 70% de nossas vendas aos EUA são manufaturas. Além disso, as exportações brasileiras complicadas, aquelas em que dificilmente se conseguiriam avanços, não representariam mais que 20% do total, um em cinco. A fim de testarmos o argumento, precisaríamos saber qual é a situação dos 80% restantes.

Alguns, como os aviões da Embraer, o minério de ferro e o café em grão, têm tarifa zero. Aparentemente, não ganhariam nem perderiam com um acordo preferencial. Em muitos outros setores, como a eletrônica, por exemplo, as barreiras americanas são baixas. Se não conseguimos competir com Cingapura ou a China, é porque nesses produtos não temos competitividade nem para abastecer nosso mercado, não em razão das tarifas ou de outras barreiras. Quais seriam, então, em concreto, as exportações que poderíamos ampliar se tivéssemos com os EUA um acordo preferencial? Aqui, como em muitos outros aspectos importantes, faltam dados e informações, e sobra retórica.

É esse um dos maiores obstáculos a qualquer intento de avaliação da Alca não no terreno ideológico, mas no domínio empírico do comércio. Conforme diz Ventura-Dias, "transcorridos sete anos de trabalhos preparatórios e de negociações diplomáticas" – isso foi escrito em dezembro de 2001, agora seriam mais de oito anos –, "não existem estudos que definam com rigor os benefícios líquidos para os países participantes, e em especial para um país com as características do Brasil, de um acordo de livre-comércio dessa magnitude".

Custa crer que não tivéssemos podido estabelecer em instituição como o Ipea, por exemplo, um núcleo capaz de realizar, ao longo das negociações, estudos técnicos sobre os aspectos assinalados. Dentre os pontos mais relevantes, podem-se destacar:

- a identificação de produtos e serviços com potencial de expansão nos mercados da Alca, além dos já conhecidos artigos sensíveis que se defrontam com resistências protecionistas acirradas;
- as áreas da economia brasileira mais vulneráveis à concorrência e, assim, necessitadas de período mais prolongado de desgravação e proteção;
- as exportações nacionais que seriam provavelmente deslocadas dos mercados latino-americanos se o Brasil não participasse da Alca, ou, caso se tornasse membro do acordo, as que não seriam capazes de concorrer com produtos similares americanos ou canadenses no momento em que lhes faltassem as vantagens atualmente decorrentes das margens de preferência (os automóveis, por exemplo);
- os produtos brasileiros que não teriam condições de concorrer no mercado dos EUA, com similares dos latino-americanos que passassem a fazer parte da Alca, na hipótese de que o Brasil escolhesse ficar de fora;
- em termos quantificados, o que representará para a economia brasileira a aceitação de exigências americanas em áreas de normas, tais como a propriedade intelectual (também em serviços).

Talvez não seja tarde demais para tentar dotarnos desse apoio técnico, no seio do governo ou, como propõe o professor Marcos S. Jank, por meio de parceria e custos divididos entre o setor público e o empresarial. Na falta desses estudos, é impossível recusar a conclusão de Ventura-Dias em análise publicada pela Cepal, de indispensável leitura: "não existem evidências de que o contexto de liberalização preferencial seja o mais favorável para as negociações relativas à eliminação das medidas discriminatórias de defesa comercial dos EUA, dos picos tarifários [...] e ainda menos dos efeitos negativos dos subsídios agrícolas e das elevadas tarifas em produtos agrícolas e agroindustriais".[22]

Assim sendo, a estratégia seguida pelo Brasil terá sido talvez a menos inconveniente nas circunstâncias. Houve escorregões, como na aceitação da tarifa aplicada e na atitude de tolerar avanços em grupos como o de investimentos. Ter-se-á pensado que, ao chegar ao altar, encontraríamos força e coragem para dizer o "não" que calamos durante os anos de namoro e noivado. Muito do que se fez foi inspirado no louvável propósito de manter o Mercosul unido na negociação e, de maneira geral, no de evitar agravar nosso isolamento. Ambos os objetivos se justificam na medida em que não nos obriguem a sacrificar interesses nacionais inegociáveis. Não obstante todos os esforços, não será surpresa se, cedo ou tarde, os outros decidirem seguir o que julgam ser o interesse deles. Em tal eventualidade, é bom que a responsabilidade de pôr fim ao sonho da integração sul-americana seja deles, não nossa. Dito isso, convém não exagerar nas concessões feitas em nome de uma talvez impossível unidade, pois elas podem tornar-se irreversíveis.

Com efeito, embora o isolamento seja indesejável quando evitável, às vezes ele é conseqüência ine-

---

[22] "Notas Sobre Acesso aos Mercados e a Formação de uma Área de Livre-Comércio com os Estados Unidos". *Série Comércio Internacional*. Santiago: Cepal, dezembro de 2001; p. 5-6.

lutável do tamanho. "Gigante pela própria natureza", o Brasil tem condições de aspirar a certas coisas que estão fora do alcance dos demais, por uma questão de escala. Daí decorrem alguns princípios gerais de prudência e bom senso que deveriam orientar-nos a postura negociadora.

Primeiro, não trocar alhos por bugalhos, isto é, negociar coisas compatíveis e comparáveis: produtos agrícolas e industriais, normas por normas, serviços por serviços, tecnologia dentro de sua própria lógica, e não como moeda de troca com suco de laranja, por exemplo. Um corolário é não permitir que se acentue o descompasso no ritmo de grupos distintos.

Segundo, explorar com espírito pragmático as oportunidades reais de acesso, em estreita coordenação com os principais interessados e com os que melhor conhecem as condições reais da concorrência, o setor privado. Os mercados da Alca representam não apenas 50% das exportações brasileiras em quantidade, mas também 82% em termos de manufaturados. As negociações só valerão a pena se preservarem ou melhorarem essa situação.

Terceiro, sincronizar e sintonizar as negociações da Alca com as da OMC, uma vez que ambas estão previstas para findar na mesma época. Se houver necessidade de prorrogação, será bom que ocorra nos dois casos. A razão é simples: se os EUA se esquivam de progressos substantivos na Alca em agricultura e defesa comercial, alegando que eles só serão possíveis na OMC, é indispensável que, nos dois processos, o nível de ambição possa ser não apenas comparado, mas também equilibrado.

Quarto, caso se confirme a tendência à bilateralização da Alca, estarmos abertos à possibilidade de uma negociação direta com Washington. Não somos o México e nunca gozaremos das vantagens políticas e econômicas da vizinhança territorial: por exemplo, cerca de 80% das mercadorias transacionadas no Nafta são transportadas por caminhão. Tampouco temos concentrado nos EUA quase 90% de nosso comércio exterior como os mexicanos, o que não será tão saudável. Para nós, o percentual das exportações anda por 25% – mas já foi de 36% no tempo do barão do Rio Branco e talvez possa de novo atingir ou superar essa proporção. A dimensão do mercado brasileiro para o comércio e os investimentos deve ser explorada como atrativo bastante para, se necessário, tentar um entendimento direto que evite ao menos agravar a discriminação.

O aumento da discriminação é, de fato, a ameaça maior que deriva da tática americana de bilateralizar a Alca. Em vez de uma imensa área que unificasse os 34 mercados num só, abolindo entre eles barreiras tarifárias ou obstáculos de outra natureza ao comércio, é bem diversa a realidade que começa a tomar corpo. Em conseqüência das quatro ofertas pelas quais os EUA diferenciam o tratamento a cada categoria de países, a configuração que principia a emergir é de uma área de livre-comércio "de geometria variável", fragmentada em segmentos para os quais a liberalização comercial se faria em velocidade diferente. Em outras palavras, há o perigo de não apenas manter-se a discriminação preexistente, mas também acrescentarem-se outras, como as que vão ser negociadas com a América Central e talvez com os andinos. Chegar-se-ia, assim, ao resultado paradoxal de que, em lugar de eliminar todas as restrições, esse peculiar tipo de acordo de livre-comércio acabe por inventar outras, embora de natureza mais ou menos transitória. Ora, os arranjos preferenciais que já estão presentes ou em vias de negociação ou entrada em vigor – o Nafta, os acordos com o Caribe, o Chile, a América Central – representam, somados, 87,7% das importações totais dos EUA oriundas dos países da Alca. Essa porcentagem poderá aumentar se houver acordo com os andinos ou alguns países do Mercosul.

Como se vê, o Brasil ficaria em posição delicada e teria de considerar seriamente uma das seguintes opções:

- aceitar a "geometria variável" como meio de adiar ao máximo a liberalização do comércio brasileiro com os EUA e outros parceiros da Alca, resignando-se, nessa hipótese, a pagar o preço da discriminação;
- optar pela solução oposta, consistente em acelerar a desgravação e concordar com mudanças acentuadas em normas como maneira de evitar discriminações no acesso aos mercados dos EUA e dos demais;
- realizar uma combinação judiciosa dos dois cenários antípodas acima, dosando aceleração ou adiamento da liberalização conforme a situação em cada setor e a possibilidade de reciprocidade americana. Será essa, quem sabe, a hipótese mais realista e provável?

Quanto ao mais, é preparar-nos, como dizia o visconde do Uruguai em 1851, para "tratar de negócios melindrosíssimos com um governo ambicioso, astuto e poderoso". Ou, caso se prefira antecedente mais antigo, lembrar o que escrevia Hipólito José da Costa no velho *Correio Braziliense*, a propósito da negociação do Tratado de Comércio e Navegação de 1810. Para Hipólito, um tratado com a Grã-Bretanha – hoje diríamos com os EUA – seria sempre "uma tarefa delicada e perigosa para o Brasil".

BIBLIOGRAFIA SELECIONADA

Num tema em permanente mutação, não existem nem podem existir obras definitivas, sendo relativamente pouco numerosos os estudos em forma de livro. O mais importante é a atualidade da informação, o que é mais fácil de encontrar em artigos e relatórios.

O ponto de partida deve ser o próprio texto do projeto de acordo (localizável no site www.ftaa-alca.org). Compreender o texto nem sempre é fácil, pois não há indicações sobre o país que propôs cada fórmula e às vezes se sucedem várias formulações diferentes e até opostas acerca do mesmo assunto.

Os textos analíticos que mais ajudaram a definir a posição deste livro partilham um moderado ceticismo sobre as vantagens comerciais da Alca, sem se fecharem em juízos definitivos. Do ponto de vista do que se passa na realidade diária das negociações e de suas relações com as da OMC, recomenda-se em especial o artigo citado de Pedro da Motta Veiga, "Alca e OMC: Negociações Simultâneas, Agendas Convergentes, Dinâmicas Divergentes" (dezembro de 2002, versão preliminar). Motta Veiga é também o principal autor dos comentários sobre a evolução das negociações publicados, com freqüência quase mensal, no boletim *Comércio Exterior em Perspectiva*, da CNI, com destaque para os números 12, ano 11 (setembro de 2002); 1, ano 12 (outubro de 2002); 2, ano 12 (novembro de 2002); e 3, ano 12 (dezembro de 2002).

De uma perspectiva diversa, que se poderia chamar da economia política do comércio internacional e do conhecimento específico do estado atual do comércio exterior no hemisfério, vale a pena ler os escritos de Vivianne Ventura-Dias: o artigo breve "A Pressa e a Perfeição na Criação da Alca" (*Valor Econômico*, 12/2/2001) e as "Notas Sobre Acesso aos Mercados e a Formação de uma Área de Livre-Comércio com os Estados Unidos" (*Série Comércio Internacional*; Santiago: Cepal, dezembro de 2001). Também oferece muito ao leitor o artigo de Sandra Polónia Rios, "A Estratégia Brasileira Frente às Negociações da Alca", resumo da contribuição ao seminário *O Brasil e a Alca*, organizado pela Câmara dos Deputados e pelo Instituto de Pesquisas de Relações Internacionais (Ipri). O volume completo das contribuições, cujo valor é desigual, foi recentemente publicado (org. Marcos Cintra e Carlos Henrique Cardim; Brasília: Ipri/Funag, 2002).

Para o aprofundamento do estudo de temas específicos, destacam-se o artigo de grande qualidade de Marcos S. Jank, "U.S. Agricultural Protectionism: FTAA Seed of Discord", no site da OEA (www.sice.oas.org), e "Alca e Agricultura nas Relações Brasil-Estados Unidos", junto com André M. Nassar, publicado no livro *O Brasil e a Alca*, p. 249-58; e os excelentes comentários de José Tavares de Araújo sobre assuntos como defesa comercial, *antidumping*, política de concorrência etc., também no site da OEA.

Talvez a expressão mais articulada e consistente da oposição à Alca se encontre nos numerosos e interessantes escritos do embaixador Samuel Pinheiro Guimarães.

Para conhecer a posição da sociedade civil e das ONG, sobretudo de uma perspectiva americana, vale a pena ler o "State of the Debate on the Free Trade Area of the Americas", preparado por Sarah Anderson e John Cavanagh (Washington: Institute for Policy Studies, October 2002).

Um relatório de grande valor é o "Panorama de la Inserción Internacional de América Latina y el Caribe 2000-01" (Santiago: Cepal, marzo de 2002).

SOBRE O AUTOR

Rubens Ricupero (1937) estudou na Faculdade de Direito da USP e no Instituto Rio Branco. Na carreira diplomática, serviu nas embaixadas em Viena, Buenos Aires, Quito e Washington. Foi assessor do candidato, depois presidente eleito, Tancredo Neves. Em seguida, tornou-se assessor do presidente José Sarney (1985-7). Embaixador junto às Nações Unidas e ao Gatt, em Genebra, exerceu as funções de presidente do Conselho (1990) e das Partes Contratantes (1991) do Gatt. Foi também embaixador em Washington e Roma.

Em 1993-4, no governo Itamar Franco, serviu como ministro do Meio Ambiente e da Amazônia, e mais tarde da Fazenda, tendo-lhe cabido a introdução do real (julho de 1994). Desde setembro de 1995, é o secretário-geral da Conferência das Nações Unidas Sobre o Comércio e o Desenvolvimento (Unctad), em Genebra. É professor da Universidade de Brasília (teoria das relações internacionais) e do Instituto Rio Branco (história das relações diplomáticas do Brasil).

Publicou *Visões do Brasil* (Record, 1995), *Barão do Rio Branco* (Fundação Alexandre de Gusmão, 1995; ed. Ampliada, 2002; ed. argentina, Nueva Mayoría, 2000), *O Ponto Ótimo da Crise* (Revan, 1998), *Rio Branco: o Brasil no Mundo* (Contraponto, 2000), *O Brasil e o Dilema da Globalização* (Senac, 2001) e *Esperança e Ação* (Paz e Terra, 2002), além de inúmeros ensaios em obras coletivas. É articulista da *Folha de S.Paulo* desde julho de 1995.

FOLHA
EXPLICA

Folha Explica é uma série de livros breves, abrangendo todas as áreas do conhecimento e cada um resumindo, em linguagem acessível, o que de mais importante se sabe hoje sobre determinado assunto.

Como o nome indica, a série ambiciona *explicar* os assuntos tratados. E fazê-lo num contexto brasileiro: cada livro oferece ao leitor condições não só para que fique bem informado, mas para que possa refletir sobre o tema, de uma perspectiva atual e consciente das circunstâncias do país.

Voltada para o leitor geral, a série serve também a quem domina os assuntos, mas tem aqui uma chance de se atualizar. Cada volume é escrito por um autor reconhecido na área, que fala com seu próprio estilo. Essa enciclopédia de temas é, assim, uma enciclopédia de vozes também: as vozes que pensam, hoje, temas de todo o mundo e de todos os tempos, neste momento do Brasil.

46 A CULTURA DIGITAL — Rogério da Costa

47 CLARICE LISPECTOR — Yudith Rosenbaum

48 A MENOPAUSA — Silvia Campolim

49 A HISTÓRIA DO BRASIL NO SÉCULO 20 (1920-1940) — Oscar Pilagallo

50 MÚSICA POPULAR BRASILEIRA HOJE — Arthur Nestrovski (org.)

51 OS SERTÕES — Roberto Ventura

52 JOSÉ CELSO MARTINEZ CORRÊA — Aimar Labaki

53 MACHADO DE ASSIS — Alfredo Bosi

54 O DNA — Marcelo Leite

55 A HISTÓRIA DO BRASIL NO SÉCULO 20 (1940-1960) — Oscar Pilagallo

56 A ALCA — Rubens Ricupero

Este livro foi composto nas fontes Bembo
e Geometr 415 e impresso em abril de 2003
pela Geo-Gráfica e Editora Ltda.,
sobre papel offset 90 g/m^2, com
fotolitos fornecidos pela Publifolha.